相場の赤本

チャートで騰がる株
完全マスター

相場師朗
SHIRO AIBA

宝島社

はじめに

——株で1億円稼げる人になる！

株式投資歴37年の株職人・相場師朗は最近つくづく思います。株で1億円を稼げるような常勝投資家になるためには、「基礎が大切だ」と。

なにごとも基本に忠実であること——それこそが、技を習得し、磨き、自由自在に使いこなせるようになるための貴重な第一歩です。

振り返れば、人生も、株式投資も、頭を抱えてしまうような問題の連続です。中には難問、奇問、珍問といえるような課題が降りかかることもあるでしょう。

そんなとき、与えられた問題に対して答えを出すために、大いに役立つのが「基礎力」です。どんな難問も、いくつかの基礎的な問題が重なっているだけだったり、ちょっとした「ひねり」や「ひっかけ」があって、なんだか難しそうに見えているだけなのです。

基礎問題をしっかり解くことができる実力があれば、ほんの少し、応用を効かせることで、どんな難問もいくつかの単純な基礎問題に分解し、正解を導き出すことができるようになるはず。必要なのは、ちょっとした「コツ」なのです。

「株式投資にも大学受験の赤本のような問題集があったらいいのに！」

そんな思いで私は、すらすら読むだけで知らず知らずのうちに「株式投資のコツ」をマスターできる「株の赤本」を作ることを決意しました。

職人の世界では、「技は盗むもの。目で見て、実際に手を動かして、努力と修練を重ねて、体で覚えろ、脳みそに染み込ませろ」といわれます。

でも、間違ったワザや自分勝手な応用に走ってしまうと、いくら練習しても、実戦の株式投資の場で「正解」にたどりつけなくなる危険性があります。

だからこそ、過去の株価の値動きの中から「この動きは基本中の基本」「このシグナルは重要」「この組み合わせは頻出」など、株式投資における定理や公式、法則、鉄則といえるパターンをしっかり覚えることが大切なのです。

株式市場で実際に起こった「過去の良問」をたくさんご紹介し、あなたの「足腰」というか「体幹」というか、どんな場面でも動じない「投資力」を即座に鍛え上げることができる「学習参考書」。それが、この本の狙いです。

たとえば、クルマを運転するとき、人はアクセルやブレーキを適切に踏んで、前後左右をしっかり確認して、ハンドルを右に左に操作しますよね。無意識のうちに、さまざまな、細かい「基本のワザ」を同時に複数、使いこなしています。

経験の有無や練習時間の違いで、判断力や行動の速さ・的確さ、失敗したときの修復力には大きな差が出ますが、ハンドルを使ってクルマを運転するという行為そのものは、どんな初心者ドライバーもプロのＦ１レーサーも同じです。

「ここまでは最低限、絶対にできるようにしたほうがいい」という基礎の基礎といえる技術は、クルマの運転にもキャベツの千切りにも株式投資にも存在するのです。

国語という科目で習得する「技術」には、語彙力、文法力、読解力、思考力、要約力、作文力など、さまざまなジャンルや要素があります。

株式投資もそれは同じ。投資で利益を上げ続けるためには、

「株価の過去の値動きの方向性などを把握する分析力」

「株価の値動きに生まれた変化を察知する観察力、洞察力」

「今後の値動きを先回りして予想し、シナリオを立てて考えられる思考力・想像力」

「売買を行うために必要な決断力、行動力」

「売買の損益を管理して大損をせず利益を上げ続けられる自己管理能力、計画性」

など、さまざまな能力が求められます。

株歴も40年近くなると、朝起きて歯を磨いて顔を洗って服を着替えて……といった

動作と同じように、半ば無意識のうちに「株価の節目（価格）をチェックして、日柄（時間）にも注意して、値動きの方向性、すなわちトレンドを判断し、複数の売買シグナル点灯をたった1秒で見つけ出し、10秒で売買判断を下し……翌日には、あれっ、100万円儲かった！」

といった一連の作業を、空気を吸うように、水を飲むように、トイレで用を足すように、自然な流れで行えるようになります。

ひとつひとつの基本的な動作は単純ですが、それらを同時に、正確に、しかも迅速、機敏に行えるようになるには、とにかく〝株における過去問〟をできるだけ、たくさん解いて覚えて、答えを体に浸み込ませる以外ありません。

練習、練習、練習、鍛錬、鍛錬、鍛錬が相場式株式投資のモットーです。

この本で株式投資に必要な、正しい法則や鉄則をしっかり学んでもらい、技術力をどんどん高めていけば、相場で直面するどんな問題も、もはや難問ではありません。本書を読んで株の基礎力を磨くこと――それこそが「株で1億円劇場」の始まり、始まりなのです。

令和元年初秋

株職人　相場師朗

相場の赤本 もくじ

相場師朗 SHIRO AIBA

はじめに 2

第1章 準備編
相場式の2つの道具 11
まずは「移動平均線」から始めよう！／ローソク足の形や組み合わせシグナルを覚えよう！／チャート上の高値・安値を常に意識しよう！／株式投資の過去問は「チャート」。1000年分は見る！

第2章 基礎編①
節目に反応しよう 31

節目を発見できるようになるために／節目は買い手と売り手の攻防ライン。ダマシもフル活用

第3章 日柄を意識しよう 基礎編② 47

日柄と9の法則は超・使える！／まず「3カ月」「6カ月」という日柄は必ず意識しよう／「9の法則」は利益確定や今後の展開予想にフル活用できる／9の法則は「今の売買判断」に使う

第4章 下半身 相場オリジナル① 69

下半身で株の利益をぐんぐん伸ばす！／トレンド転換の号砲になる下半身・逆下半身が一番おいしい！／受験勉強同様に答えを先に見る意識が大切

第5章 くちばし 相場オリジナル② 89

くちばしでトレンド転換&加速を察知する！／移動平均線のほうが反応が遅いからこそ予想しやすい／くちばしは押し目買い・戻り売りにも使える！／くちばし前夜の逆下半身で売る

第6章 ものわかれ
相場オリジナル③
ものわかれでトレンド加速を利益に変える！／ローソク足の起点から株価の寿命を予測／下落トレンドにおけるものわかれはもっと簡単
105

第7章 N大【ニチダイ】
相場オリジナル④
N大を制するものは大相場を制する！／逆N大のほうがより大相場につながりやすい
121

第8章 草黒赤
相場オリジナル⑤
草黒赤を活用すれば安心して利益が伸ばせる／トレンド転換も草黒赤を使えば簡単にタダ乗りできる／複合シグナルを見逃さない
137

チャート1000本ノック練習用
相場式 最新100銘柄
153

おわりに 157
本書読者に2大特典!! 159
相場の赤本 SHIRO NOTE 161

※本書で紹介しているデータや情報は特別な表記がない限り、２０１９年7月24日現在のものです。本書で掲載しているチャートについて、株式分割した銘柄の株価に関しては調整後終値で表示しています。本書は株式投資に役立つ情報を掲載していますが、あらゆる意思決定、最終判断は、ご自身の責任において行われますようお願いいたします。ご自身の株式投資で損害が発生した場合、株式会社宝島社及び著者は一切、責任を負いません。また、本書の内容については正確を期すよう万全の努力を払っていますが、２０１９年7月24日以降に相場状況が大きく変化した場合、その変化は反映されていません。ご了承ください。

カバーデザイン／鈴木貴之
本文デザイン・DTP／小谷中一愛

第1章

相場式の2つの道具

準備編

◆まずは「移動平均線」から始めよう！

株価は日々、上がったり下がったりします。株価は、「この株は上がりそうだ」と期待してその株を買う投資家と、「いやいや、この株は下がるに決まってる」と判断して、その株を売る投資家の力関係により動きます。

つまり、株価を動かす原動力は人間の心理。株式投資を学問に喩《たと》えるなら「心理学」、小説だと「推理小説」。優秀なサイコセラピストや頭の切れる名探偵になって株価のご機嫌をうかがい、未来の値動きを推理する必要があるのです。

株価の動きを予測する手法には、眉間に皺《しわ》を寄せて世界経済の状況や企業業績の現状とにらめっこをしながら、「買いか売りか」を決める「ファンダメンタルズ分析」という手法もあります。しかしその企業の業績が2倍に伸びたら、株価がいったい何円になるのかは、どんなに優秀な人でも正確に当てることはできません。

実際に株価を動かすのは、その好業績を知って株の売買を行う投資家、つまり人間です。彼らの、買ったり売ったりという投資行動は、株の値動きにすべて反映されています。小難しい企業分析や理屈っぽい景気判断をもとに株を売買すると、変な思い込みや独りよがりの行動につながって、損する可能性大です。

図1 移動平均線だけのチャートを見てみよう

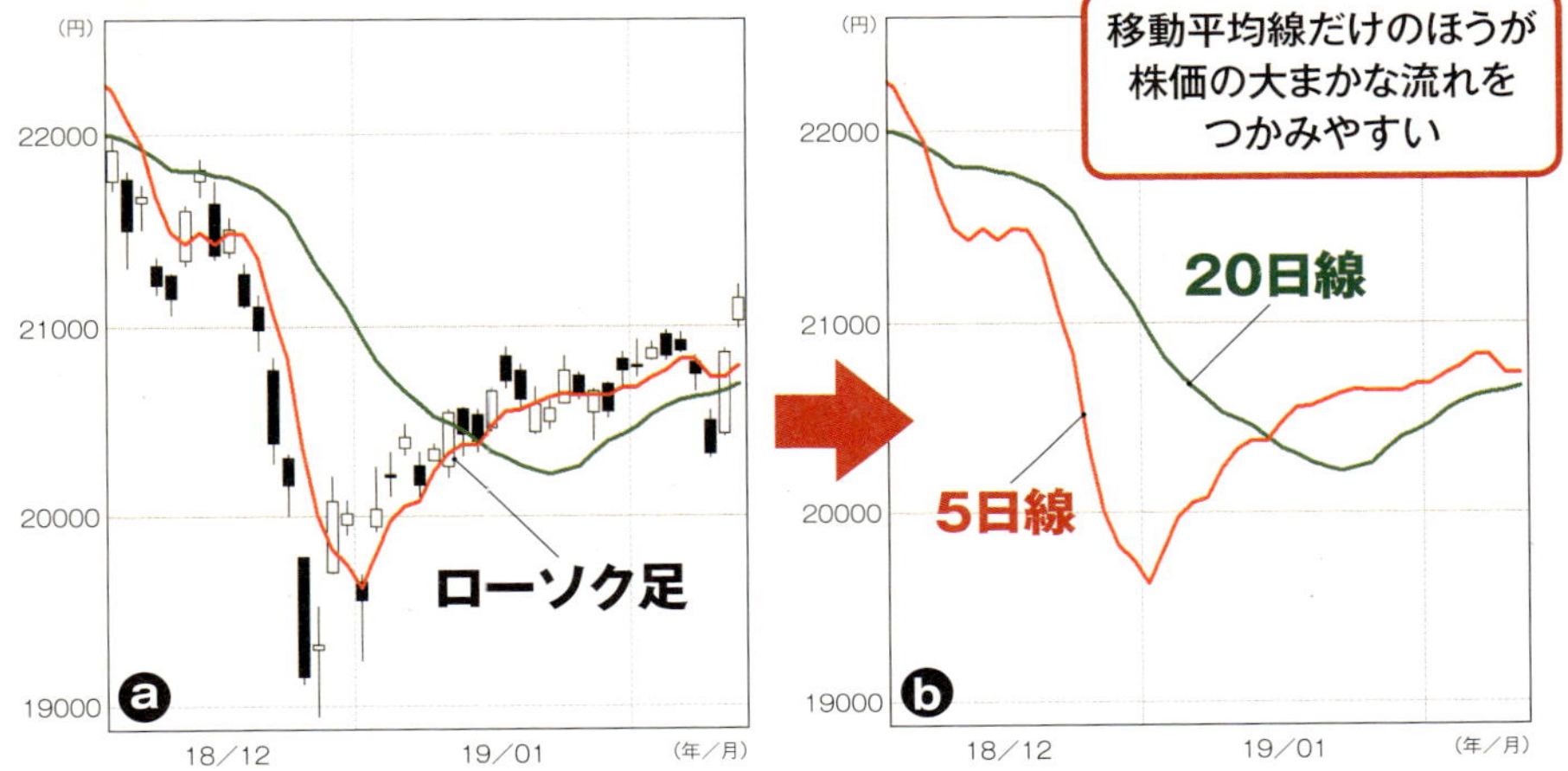

ただ純粋に値動きを見る！ これこそが相場式株式投資の第一歩です。そして、株価の値動きを純粋に抽象化して、わかりやすく見るために必要不可欠な道具、それが「移動平均線」。ある期間の株価の終値の平均値を結んだ線のことです。

図1ⓐは日本株の全体的な値動きを示す「日経平均株価」の値動きの一部を切り取ったものです。

株価（ローソク足）は画面の左側で下がり、右側で反転上昇しています。図には5日間の株価の終値の平均値をつなげた5日移動平均線（赤）と、より長いスパンである20日間の終値の平均値を結んだ20日移動平均線（緑）も表示しています。

図1右のⓑは、肝心かなめの株価を除い

て、５日線、20日線だけを描画したもの。どうですか？　日々、気まぐれな動きをする株価を表示したものより、移動平均線だけのほうが、「株価が全体としてどのように動いているのか」が、くっきり、はっきり、わかりませんか？　人間の喜怒哀楽のように、気ままに、唐突に、時に激しく、時に想定外の上下動を繰り返す株価が「暴れん坊」なら、移動平均線は、気ままな暴君が結局どっちに向かっているのかを知るための「ガイド役」です。移動平均線が右肩上がりのときは株価も上昇傾向なので「買い」で勝負するほうが勝つ確率が高く、移動平均線が右肩下がりのときは株価も全体として下落しているので売りで勝負したほうが儲かりやすい。

「買うべきか売るべきか」という株式投資最大の難問に、一瞬にして答えを示してくれるのが「**移動平均線の傾き**」なのです。なお、期間の長い移動平均線のほうがより長期のトレンドを示しているので、期間の違う「**移動平均線の並び順**」にも、気配りできるようになりましょう。

上から順に「株価＞短期移動平均線＞長期移動平均線」と並んでいたら株価は強い上昇トレンド、逆に「長期線＞短期線＞株価」の並びは強い下落トレンドです。そして、**その並びに変化が生じたときがトレンド転換のシグナル**になります。

相場式がこの赤本で使用する移動平均線の期間は**５日線（赤）、７日線（黒）、10日**

図2　赤、黒、草、緑、青だけのチャート

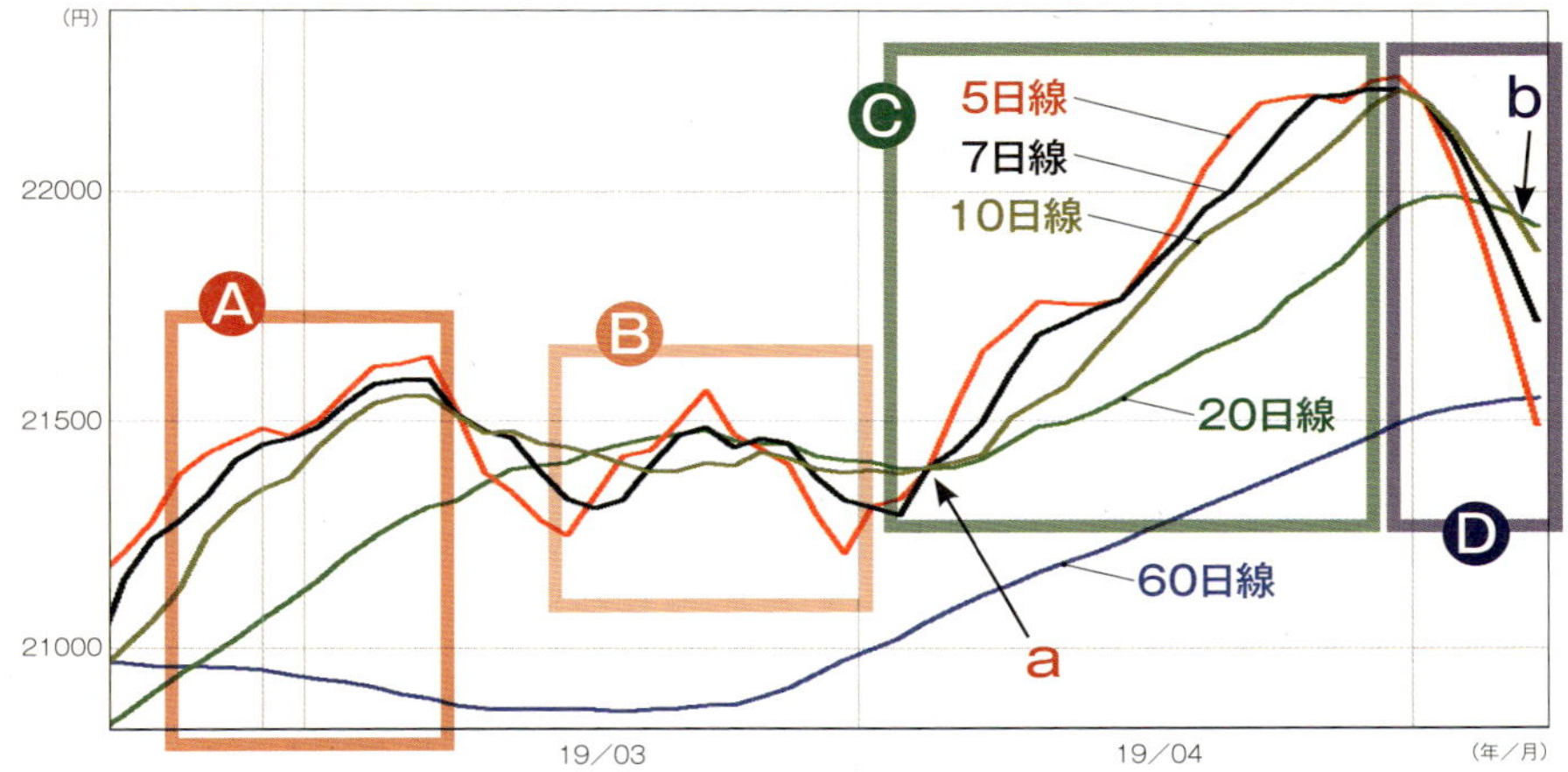

線（草）、20日線（緑）、60日線（青）の5本。**図2**は日経平均株価の5本の移動平均線だけを示したチャートです。

まずは、この「うにょうにょ曲線」だけを見て、「株価がどんな風に動いているのか？」を考えてみてください。図のAのゾーンでは移動平均線が5日線＞7日線＞10日線＞20日線＞60日線と並んでいるので、株価は赤い5日線の上で勢いよく上昇していることが想像できます。

おっと、Bのゾーンでは一転、5日線、7日線、10日線が緑の20日線をまたいで上下動しています。これは、株価の上昇基調にややストップがかかりながら乱高下している証拠です。さらにCのゾーンでは再び移動平均線がきれいな上昇トレンドの並び

になり、全体が急激な右肩上がりになっています。たとえば、5日線、7日線、10日線の短期線が緑の20日線を勢いよく抜けたaの地点。「ここは買いだな！」と思ってほしいですね。

と思ったら、Dのゾーンでは頂点まで上り詰めた5日線、7日線、10日線の短期線がbの地点で3本とも緑の20日線を割り込んで、青の60日線に向かって急落していきます。「ここは売りで入ったら大儲けできたな」とニヤニヤ想像してください。

そもそも株価が値動きすることで、移動平均線も上がったり下がったり並び順が変化したりするわけですが、移動平均線だけを先に見たほうが全体の流れがすんなり頭に入ってくるでしょう？　これぞ移動平均線マジックなのです！

さて答え（実際の株価の動き）を見てみましょう。**図3**は図2の〝移動平均線だけのチャート〟にローソク足も加えた通常のチャートです。先ほどの想像通り、aの地点で買い、bの地点でカラ売りすればものすごく儲かっていたことがわかります。

株価を紙飛行機、移動平均線を風に喩えてもいいでしょう。移動平均線が上向きのときは株価も上昇気流に乗って上がりやすく、移動平均線が下向きのときは下降気流が発生しているので下がりやすい。株価の風向きや潮流といえるガイド役・移動平均線の向きや並びとともに株価を見れば、全体の流れを俯瞰《ふかん》しやすくなるのです。

図3 ローソク足の動きを確認する

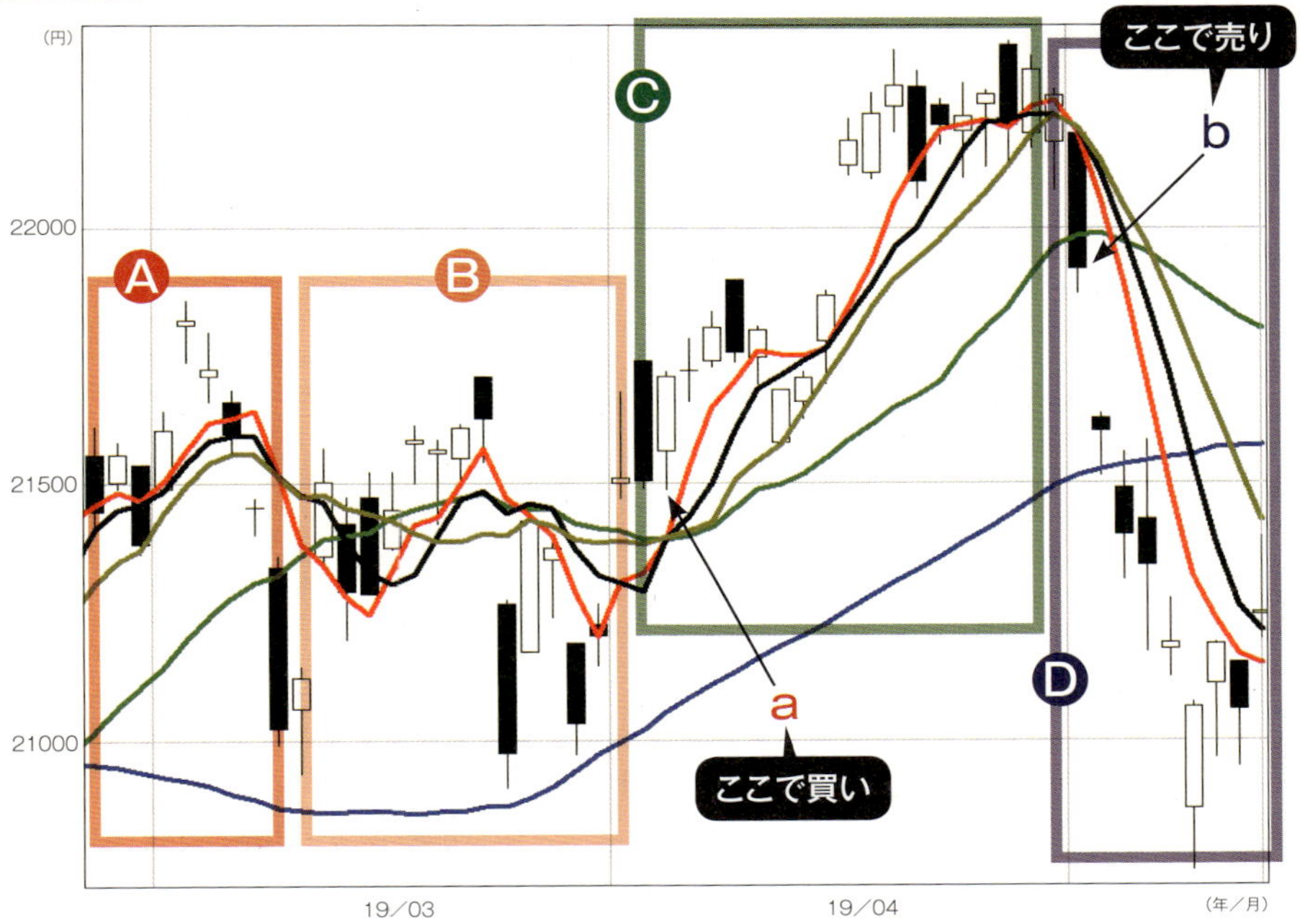

図3 の簡単解説

図のＡやＣのゾーンは移動平均線が５日線＞７日線＞10日線＞20日線＞60日線の並びなので上昇トレンド。Ｃのゾーンのａの地点はその並びが完成したところで、移動平均線だけ見て買っても儲かりました。Ｄのゾーンは５日線、７日線、10日線という短期線が下を向いたので、ｂのあたりでカラ売り。暴落の初動はとらえられませんでしたが、下落が続き利益が出ました。移動平均線だけを見て「実際の株価はどう動いたの？」と想像するのが相場式練習法です。

◆ローソク足の形や組み合わせシグナルを覚えよう！

株価のエキスを抽出した値動きのガイド役・移動平均線を使って株価の流れや勢いを観察し、売買判断を行うのが相場式株式投資の基本です。とはいえ、株というのは「株価○○円で買う」「△△円で売る」というように、株価を基準にして売買するもの。買いから入るときは株価が買い値よりも値上がりしないと利益は出ません。

カラ売りから入るときは、証券会社から借りた株をまず市場で売って、株価が下がったら、自分が最初に売ったときの値段より安い値段で買い戻すと、その差額が利益になります。最初に売ったときの株価（売り値）より今の株価が値下がりしていないと、カラ売りで利益を出すことはできません。

株価を表す非常に優れた道具が「ローソク足チャート」です。ローソク足を見るだけで、基準となる期間で最初に売買されたときの価格（「始値」）、その期間中の「高値」と「安値」、そして取引終了時点の「終値」という4つの価格がわかります。

ローソク足ではなく点と点を結んだだけの折れ線グラフを使った場合、その点を日々の「終値」にすると、あとから振り返っても、その日の終値でしか過去の値動きを判断できません。ここで**図4**を見てください。ローソク足チャートの場合、陽線な

図4　ローソク足の仕組み

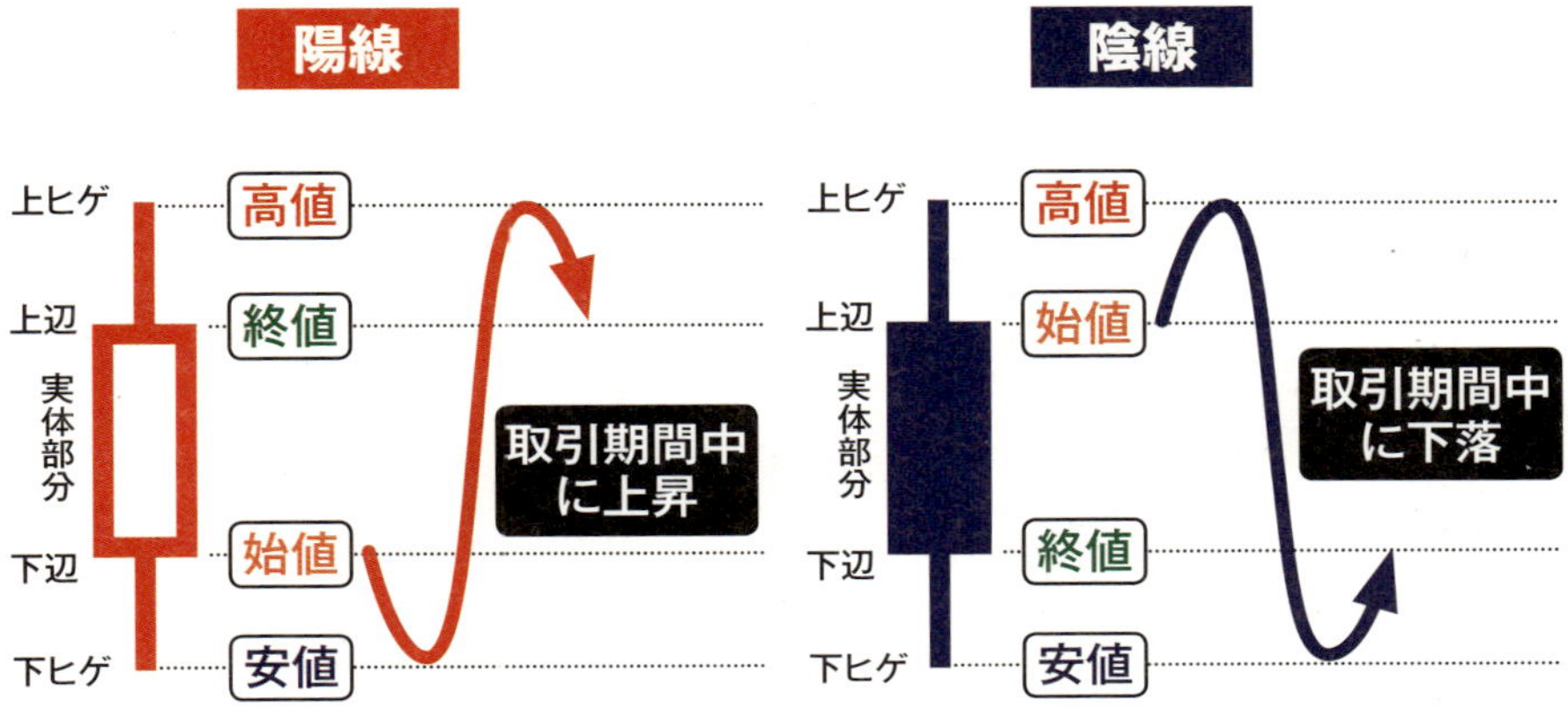

ら「安く始まっていったんさらに下がったけど、そこから上昇して高値をつけたあと、少し下がって終わった」と、あとから値動きの様子を振り返ることができます。

陰線なら、「最初、高く始まってやや上昇したものの力なく失速。かなり下げたあと、やや反転上昇して終わった」というように、値動きの推移を「面」でとらえることができます。

相場式の投資は、「①移動平均線を見て株価の全体の流れを把握する、②ローソク足と移動平均線の位置関係に注目する、③ローソク足が特徴的な形や組み合わせになりつつ移動平均線を上に抜けたり下に割り込んだりしたら売買を開始」します。

ローソク足は始値より終値が高く、期間

中に株価が上昇した場合は白色の「陽線」、反対に始値より終値が安く株価が下落したときは黒色の「陰線」で色分けして表示されます。当然、白の陽線は上昇の強さを示し、黒の陰線は下落の勢いの強さを示すので、まず「陰線か陽線か」の色と長さに注目しましょう。

さらに、ローソク足の実体部分から突き出した「上ヒゲ」「下ヒゲ」など、形からも株価の勢いがわかります。上ヒゲがとっても長いローソク足は、株価が高値にトライしたものの、上昇の勢いが失速し、力なく下げて終わったことを示すので「株価の勢いが弱い」と判断。逆に下ヒゲが長いローソク足は、いったん下ヒゲ先端まで売り込まれたものの、安値圏で買い手が出現して、勢いよく株価が戻したことを示しています。ローソク足の色やヒゲ、実体部分の長さから、その期間中の値動きの様子を振り返ることができるのが、ローソク足チャートの利点です。

複数のローソク足を組み合わせて観察すれば、その状況、状況で投資家が何を考え、買い手と売り手がどのように戦い、結局、最後はどちらが勝ちそうで、どっちの側に便乗すると儲かるか、「細部のニュアンス」や「局面のディテール」を想像できるようになります。それと同時に株価の終値に注目すれば、株価が日々上がっているか下がっているかもすぐにわかります。

図5 ローソク足の組み合わせシグナル

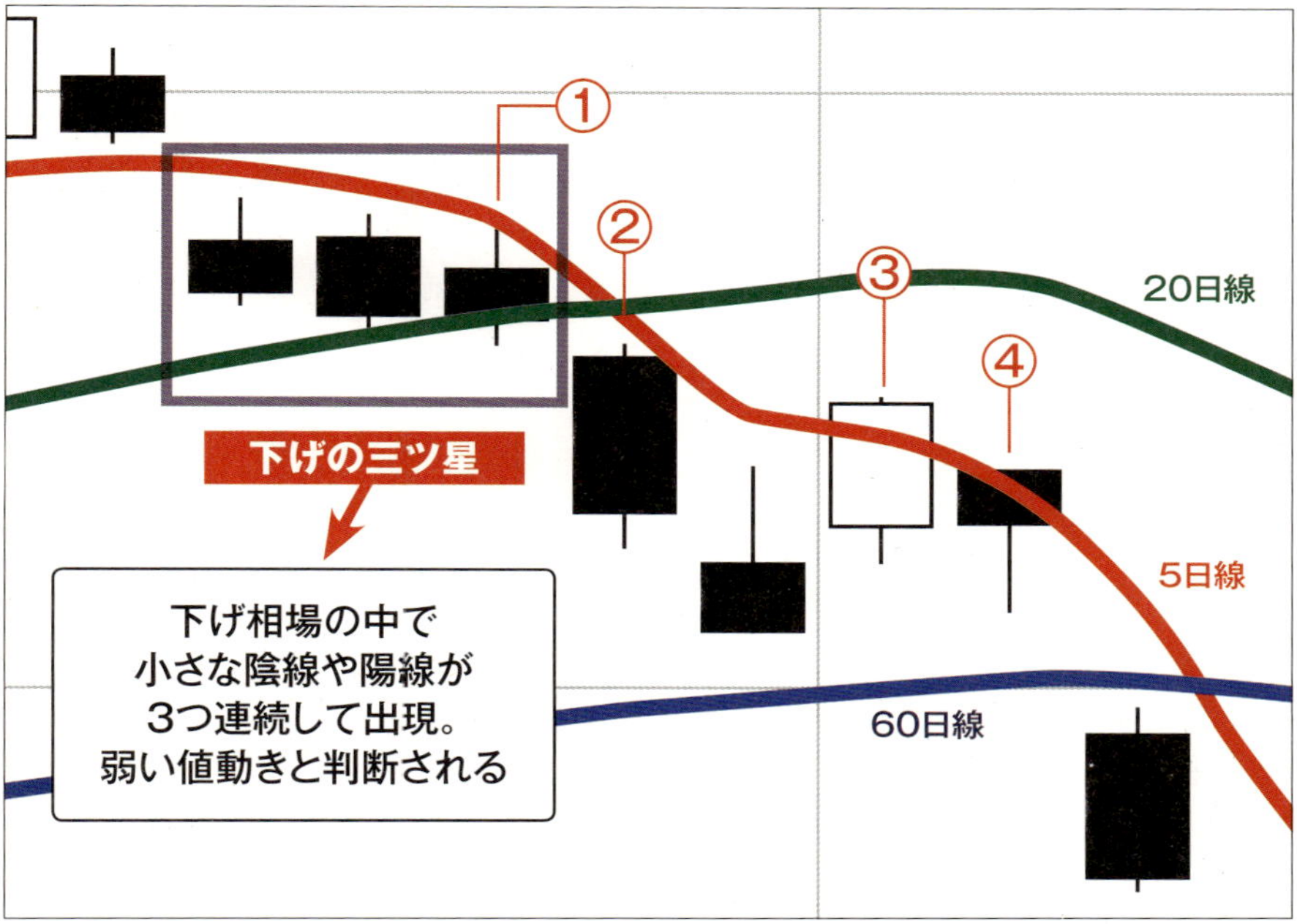

①
②
③
④
20日線
5日線
60日線
下げの三ツ星
下げ相場の中で
小さな陰線や陽線が
3つ連続して出現。
弱い値動きと判断される

ローソク足の形状や組み合わせを見ることで、今後の値動きを予測する手法は「酒田五法」と呼ばれてきました。ただ、私が過去30年のデータを詳細に検証したところ、酒田五法が教えるさまざまなローソク足の上昇・下落シグナルは発生時のトレンド状況によってハズレも多いことがわかりました。

酒田五法が教えるシグナルは、移動平均線の傾きなど他のシグナルといっしょに見ることで精度がアップします。

図5は「下げの三ツ星」とい

う酒田五法の下げシグナルですが、3番目の陰線はいまだ上向きの緑の20日線上にあります。5日線＞20日線＞60日線の順に並んでいますから上昇トレンドは健在。売りから入るのは早計です（①の地点）。その直後、大陰線が出て20日線を割り込みました（②の地点）。同時に5日線も20日線を割り込み、上昇トレンドの並びに変化が出たわけですから、ここはローソク足の形状と移動平均線の変化という2つのシグナルから見て、ようやく「売り」の判断を下すことができます。

そのあと、③の陽線がいったん5日線を越えたものの、④の陰線が再び5日線を割り込んだことで、下落の勢いが強いと判断。④の陰線も新たな売りポイントです。

このように、移動平均線の傾きや並び、ローソク足の絡み方を見て判断するのが相場式の特徴です。そんなとき、相場の上げ止まりや下げ止まりを見抜くために役立つのが、第3章で取り上げる「9の法則」。簡単にいうと、どんな上昇も下落も、ローソク足9本分続くと終わるというものです。**図6**で赤く囲んだ3本の陰線は「陰の陰はらみ」といって大底圏での下げ止まりシグナルですが、下落の起点となった①の陰線から数えて、陰の陰はらみの最初の大陰線⑨はちょうど9本目。9の法則から見ても、下げ局面が終わり、反転上昇が見込めそうな局面でした。よって陰の陰はらみ後に勢いよく5日線を飛び越えた陽線は「自信を持って買い」と判断できました。

図6 ローソク足の組み合わせシグナルと9の法則

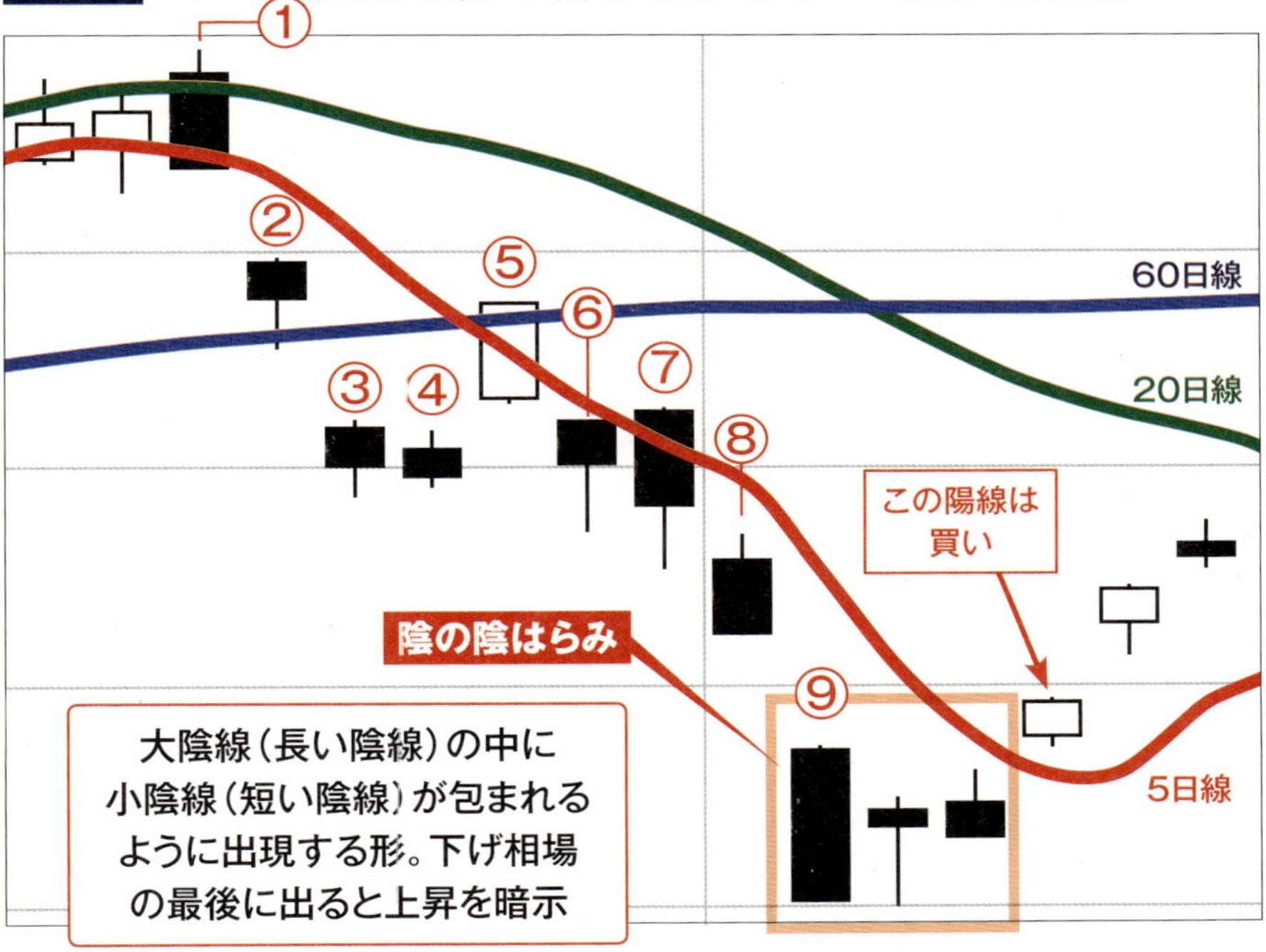

①
②
③
④
⑤
⑥
⑦
⑧
⑨
60日線
20日線
5日線
この陽線は
買い
陰の陰はらみ
大陰線（長い陰線）の中に
小陰線（短い陰線）が包まれる
ように出現する形。下げ相場
の最後に出ると上昇を暗示

図6 の簡単解説

「陰の陰はらみ」は大陰線が出たあと、その値幅の内部に小陰線が続けて出る形。陰線が続くので弱く見えますが、株価は最初の大陰線の終値を下回らずに推移しています。これが大底圏で出現したら、「下げ止まり気配濃厚・反転上昇の兆し」。しかも、このチャートの場合、⑨の大陰線は下落が始まった最初の陰線①から数えて９本目。「どんな上昇・下落もローソク足９本分続くといったん止まる」という「９の法則」から見ても、その後の反転上昇を予想できました。

◆チャート上の高値・安値を常に意識しよう！

株価予測の必須3点セットといえば、移動平均線、ローソク足、そして3つ目は、株価が過去につけた高値や安値、現在値の直近の高値や安値です。

直近の高値や安値は、移動平均線やローソク足のようにチャートソフトが自動で表示してくれるものではありませんから、自分で探す必要があります。チャートを見るときは「どこに高値や安値があるか」を無意識のうちに探すクセをつけましょう。

株価というのは、過去の値動きを示した「チャート」の中を、上がったり下がったりする生き物です。株価が上がったあとに下がると、下がる前の株価はちょうど山の頂上のような形で「高値」として残ります。反対に株価が下がったあとに上がると、上がる前の株価は、谷の大底のような「安値」になります。なぜ過去の高値や安値がとても重要かというと、株価が上がり続けるためには直近の高値を次々と飛び越えないといけないからです。ある株を買って儲けるためには、その株が直近の高値を越えて上昇し続けないと話になりません。つまり、**高値更新こそ株を買って値上がり益で儲けるための原動力**なのです。逆にカラ売りを入れて株の値下がりで儲けるためには安値がどんどん更新されていく必要があります。

図7 直近の高値・安値と売買戦略

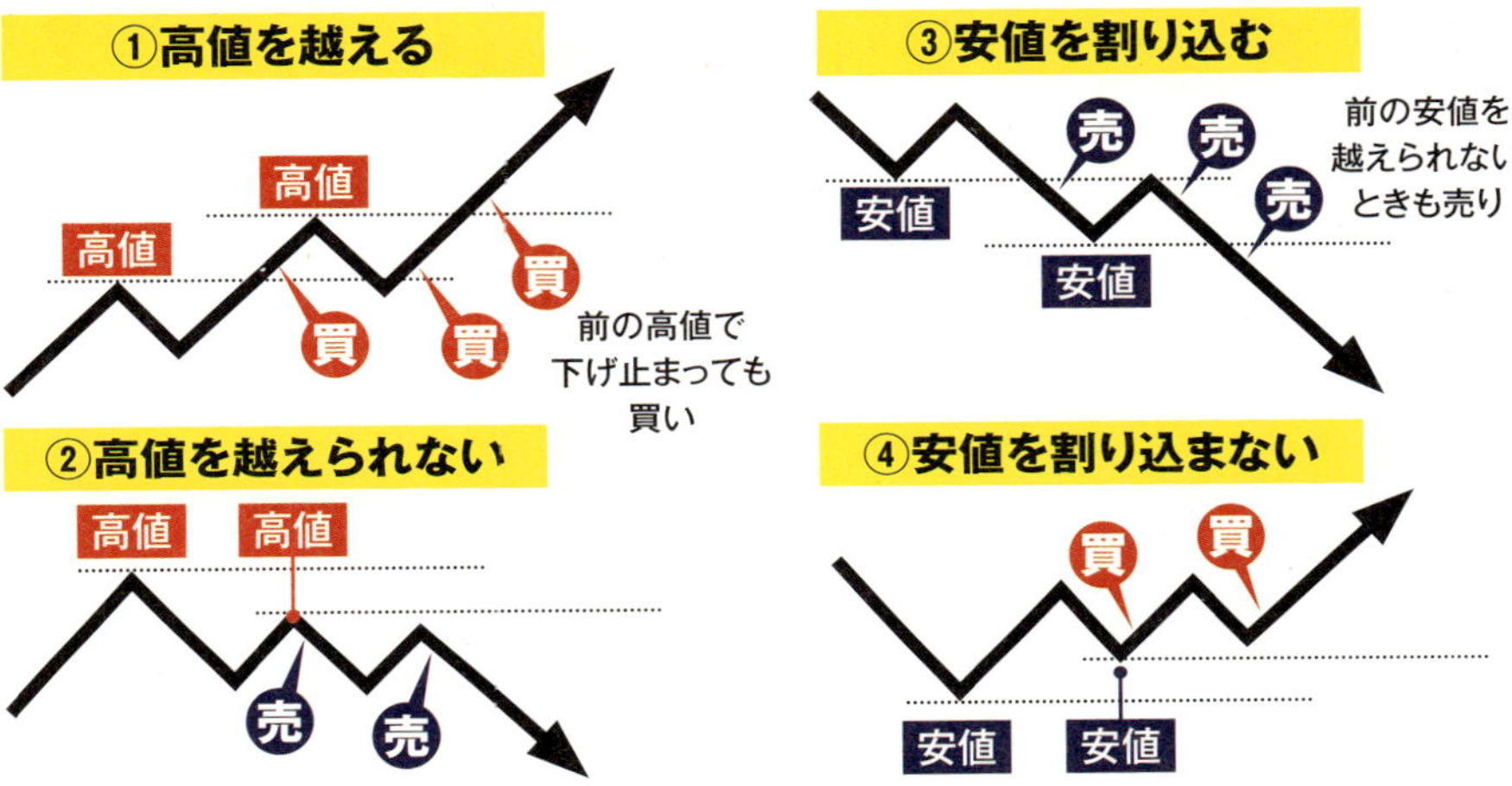

逆に、これまで上昇していた株価が直近高値に何度トライしても抜けずに下がり始めたら、上昇の勢いが鈍った証拠です。その過程で移動平均線が下向きになり、ローソク足がその下に潜ってきたりしたら、株価が上昇から下落トレンドへ転換する可能性も高くなります。高値・安値を使った株価の売買判断は**図7**に示したように、

①「株価がこれまでの高値を越えたから買い」、②「越えられなかったから売り」、③「安値を割り込んだから売り」、④「割り込まなかったから買い」

の4パターンになります。もちろん、単純にこのパターンを当てはめるだけでは精度も低く、失敗も増えるので、ここは必須3点セットの他の2つ、ローソク足の形状

や移動平均線の傾き、並ぶ順番もしっかり確認しましょう。

なにごとも複数の基本技の組み合わせで成り立っています。基本技をひとつひとつ自分のモノにしたら、次は複数の基本技を組み合わせて使えるようになることで初めて、技術が向上していくのです。

クルマの運転にハンドル・アクセル・ブレーキの操作という3点セットが必要なように、株の売買では、移動平均線の傾き・並び・ローソク足との位置確認、ローソク足やその組み合わせの形状分析、過去の高値・安値（特に直近の高値・安値）の確認という必須3点セットを活用して判断することが大切なのです。

高値・安値というのは、実際に投資家がその価格で売買した結果として形成されるもの。高値で買った投資家はその後、含み損を抱えて株価が戻るのを今か今かと待ち構えているケースが多く、高値に達すると戻り売りが出やすいので、高値は株価の上昇を阻む「抵抗帯」（「レジスタンス」ともいう）に。逆に安値は下落を阻む「支持帯」（「サポート」ともいう）になります。

投資家が実際に売買して高値・安値ができている以上、その値は売買の目安として信頼できます。高値や安値については、次の第2章の「節目」で詳しく触れるので、ここでは〝良質な過去問〟を2つご紹介しておくに留めましょう。

図8 トライ届かず＆トリプルトップの過去問

(円)
高値
急落
20000
19000
18000
2度高値に
トライして
届かずに急落
トライ届かず
高値にトライするものの届かない&越えられない
場合は、その後、反対方向に下落する可能性が高い。
また上昇トレンドの最終局面で高値が3つ並んだ形状は
「トリプルトップ」と呼ばれ、天井を打って下落する前兆
(日経平均株価　2015年4月～9月)
15/05
15/06
15/07
15/08
(年/月)

図8 の簡単解説

株価が直近の高値突破を目指して上昇するものの、高値と同じ価格帯かそこまで届かずに失速する値動きを、相場式では「トライ届かず」と呼び、その後の反転下落シグナルと見なします。図の日経平均株価は高値に２度トライして届かず、そこから青の60日線を割り込んで派手に下落。高値圏に出現した「W」の字を逆さにした値動きは「三尊天井」または「トリプルトップ」と呼ばれ、上昇トレンドが天井を打って下落トレンドへ転換する際によく見られる値動きになります。

図9　５日線の高値・安値更新にも注目する

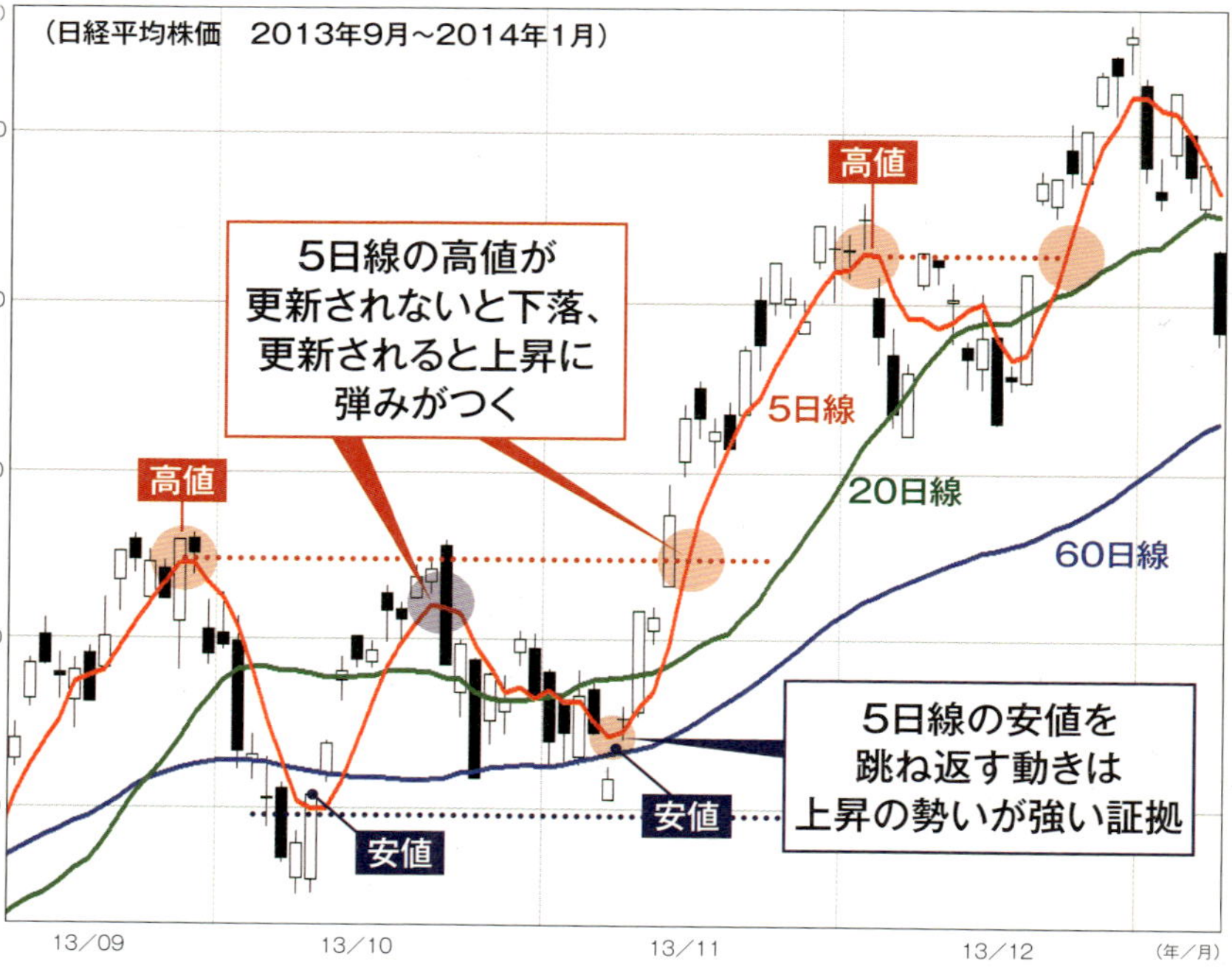

図9 の簡単解説

図の左側では５日線が前の高値を更新できず、株価は上昇から横ばい、一時的な下落に転じています。その後、５日線の安値は青の60日線を下回りましたが、次の安値がそれより高い位置で下げ止まっており、上昇の勢いの復活を感じさせる展開に。そして陽線が連発し、ローソク足の高値更新につられて、５日線も一番左の高値を突破しました。このように、５日線の高値更新は本格的な上昇トレンド入りのシグナルになります。

◆株式投資の過去問は「チャート」。1000年分は見る！

株というのはたくさんの人々が日々、大量に売り買いしていないとわかりやすい値動きが生まれません。株の売買量のことを「出来高」「売買高」といいます。また、その会社が発行している株式の数×株価が「時価総額」。その会社を丸ごと買い占めるのに必要な、理論上の金額になります。時価総額が小さくて、出来高も少ない小型株や新興株の場合、一部の大口投資家がそれなりの資金をつぎ込んで株を買ったり売ったりすると、いとも簡単に急上昇したり暴落したりします。そんな不規則な値動きをする株は予測不能ですので避けましょう。

相場式の株式投資では、信用取引のカラ売りを使って、株価が下落する局面でも値下がり益を狙います。上昇でも下落でも、すべての株価の値動きから利益を得ようとするのが相場式の真骨頂です。そのため、「貸借銘柄」といって、株のカラ売りが自由自在にできる株のほうが取引しやすいでしょう。

すなわち、相場師朗やその弟子が日々、売買しているのは、**時価総額が数千億円以上あり、1日最低でも50万株以上の取引が行われ、カラ売りも可能な「大型株」**になります。

そうした株が数多く揃っているのは、日本株の代表的指数である「日経平均株価」（いわゆる「日経225」）や、企業の業績や収益力を特に重視して選ばれた企業で構成される株価指数「JPX日経400」の銘柄です。

そのほか、「日経225ミニ先物」など、株価指数自体の売り買いができる先物取引、ドル円などの外国為替、米国やロンドンの市場で売買されている原油や金といったコモディティ（商品市場）も相場式のターゲットになります。

初心者の方はよく「儲かる株はどれですか？　株価が必ず上がる株を教えて！」などの欲張った質問をします。そんなとき、私ならこうお答えするでしょう。

「時価総額数千億円以上で1日50万株以上の出来高がある銘柄なら、コンスタントに利益を上げることができます。そういった大型株の値動きに対して、私が教える相場式シグナルを駆使して鍛錬を重ねれば、〝株で1億円〟も簡単に達成できます！」

この赤本では、私もよく取引をするSUMCO（東証1部3436／2019年7月現在の時価総額約4000億円）、イオン（同8267・同1兆6500億円）、MonotaRO（同3064・同5900億円）、任天堂（同7974・同5兆4800億円）、大和ハウス（同1925・同2兆円）、そして日経平均株価から具体例や〝過去問〟を作りました。相場式の基礎が自然と身につく構成です。

第2章

「節目に反応しよう」

基礎編①

◆節目を発見できるようになるために

株は縦軸に株価、横軸に時間を示したグラフの中で上がったり下がったりします。株価は2次元の世界で動く生き物なのです。

特に重要なのは縦軸の株価です。株の取引をする人はプロでもアマでも全員、必ず株価を意識しています。当然ですよね。株価が上がったり下がったりすることが利益の源になるわけですから、それはもう、全神経を集中して、中には目を真っ赤に血走らせて、「株価が今、いくらか？」を観察しているのです。

では、多くの投資家の意識が集まりやすい株価はどんな価格でしょうか？　よくユニクロで買い物すると「1990円」とか「2990円」といった値札を目にします。「1990円」のTシャツを見たお客は「おっ、1000円台か、安いな」と思ってしまって、そのTシャツを買うのでしょう。よく考えると、「1990円」のTシャツは、あと10円足すと「2000円」の大台に達するのですが、たった10円の差に多くの人が〝ダマされて〟、ついつい「安いな」と思って買ってしまう。

これは株でも同じです。**株取引をしている多くの投資家の意識は、10000円とか1000円とか500円とか100円とか、キリのいい価格に集中しやすい。**

図10　キリのいい株価と「節目」

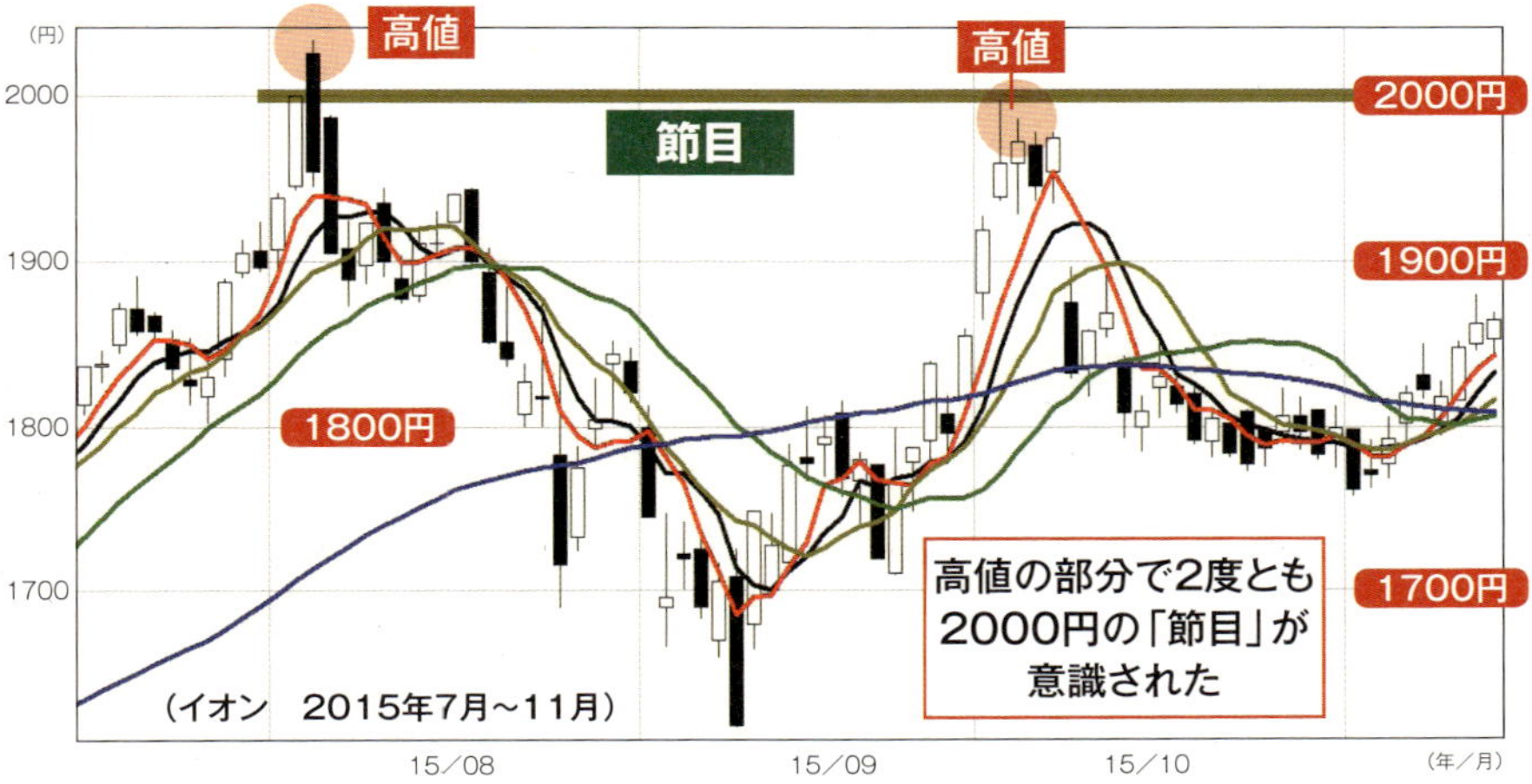

そこで相場式では、キリのいい株価を「節目」と考え、注意を払います。

990円と1000円はたった10円の違いと思って、あなどってはいけません。1000円という株価の節目は投資家の心理を一変させます。

図10はイオンの株価ですが、上がって下がって、また上がって下がって、2度高値をつけています。しかし、その高値をちゃんと更新できずに下落に転じています。

そのとき、「2度も同じ価格帯で上昇が止まった、その価格っていくらなのか？」と、**節目の株価をチェックするクセをつけてください。**

図10で高値の壁になっていた株価は、ぴったり「2000円」。今後は2000円

という株価がイオンの上昇を阻む強力な節目として機能するはずと判断できます。

図10のイオンの場合、1700円や1900円という100円刻みのキリのいい株価では、株価の上げ渋りや下げ止まりは起こらず、単なる通過点になっています。

つまり、キリのいい株価が必ず値動きの節目になるというわけではありません。まずは「あれ？　株が過去につけた高値をなかなか抜けないな」という高値や安値を常に意識することが大切です。そして、「その高値・安値はいくら？」とチェックし、「おっ、キリのいい株価だ」となると、さらに投資家の目に留まり、キリのいい株価にある高値・安値として強く意識されるようになるのです。

「株価が高値・安値を形成」→「それがぴったりキリのいい株価」→「投資家は、その価格帯を節目としてより強く意識する」→「実際にその価格帯が株価に大きな影響を与えることに」という心理的な流れを理解しましょう。

図10ではキリのいい株価が上昇を阻む抵抗帯になった例でしたが、**図11**のSUMCOの過去問は投資家に意識されたキリのいい価格帯を株価が上抜けたことで、上昇に弾みがついた例です。図のAのポイントはちょうど株価が「1800円」を上に抜けたところです。なぜ、「1700円」ではなく「1800円」が節目となるのか？　そう思ったら過去の値動きをよく見てください。これまでSUMCOの株価は

図11 抜けなかった「節目」を抜けると株価上昇

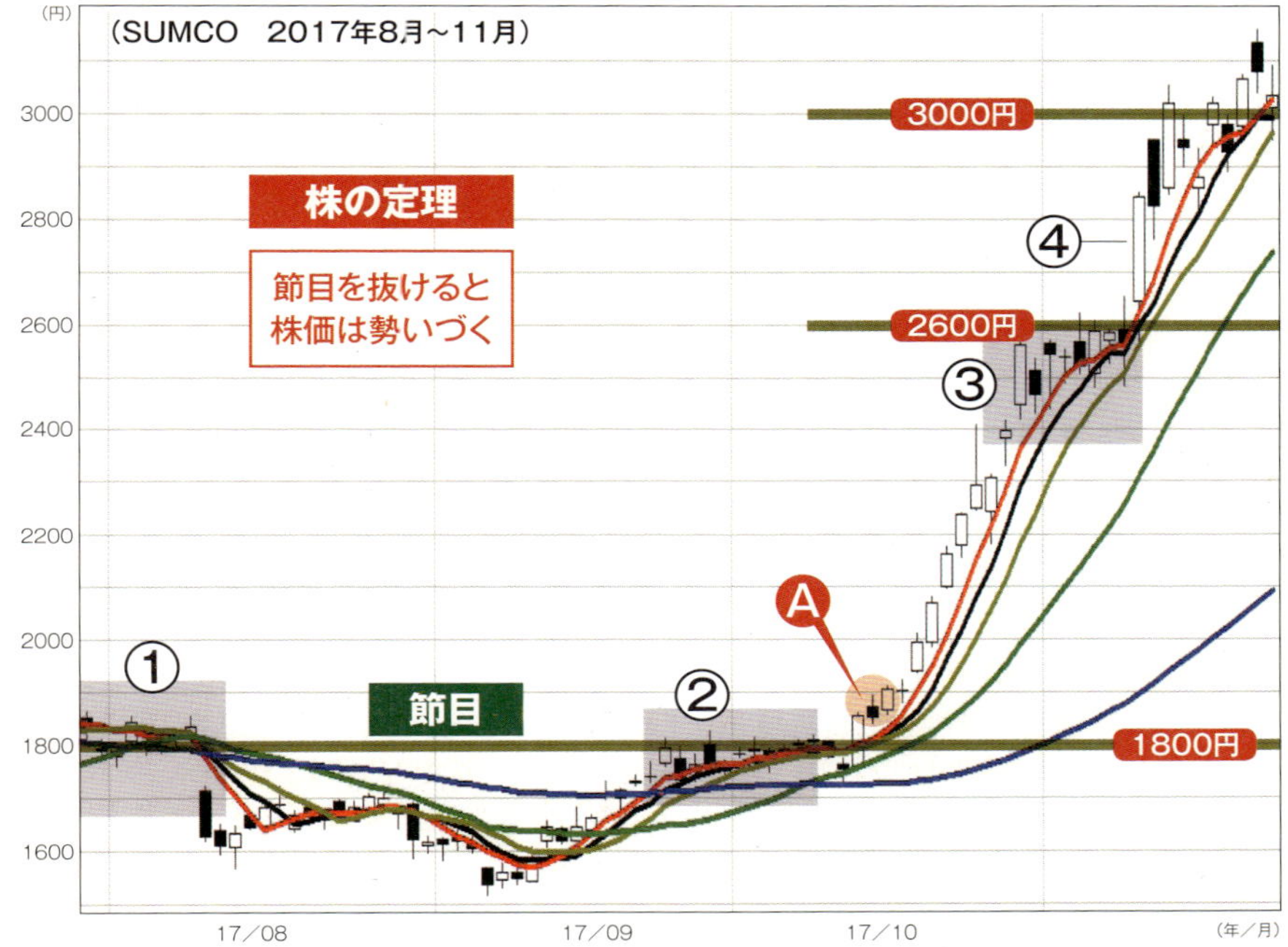

「1800円」という価格帯まで上昇するものの、そこを抜け切ることができず（図の①のゾーン）、横ばいから下落に転じていました。②のゾーンで再び1800円の大台まで到達したものの、その後は案の定、横ばいで推移。「また下がるかな」と思っていたら、今度はⒶで1800円の壁を一気に抜けて上昇しました。**「株価の節目を抜けたら値動きに勢いがつく」という法則**の具体例です。

上昇後は図の③のゾーンで再び横ばいに。もう、このとき、何をしなきゃいけないかはおわかりですね！　そうです、節目がいくらかをチェックしましょう。すると、上昇が失速して横ばった地点の株価は、キリのいい「2600円」。投資家がその価格帯を強く意識していることがわかります。そして2600円という節目を大陽線④で見事、抜け切ると株価の勢いが再び回復して、力強く上昇し始めました。このあとは〝超節目〟の3000円が意識されます。

このように、「あれ、株価がそこまで上がると、なぜか反転下落してしまうポイントがあるな」「おっ、株価がそこを抜け切ると、不思議と上昇に弾みがつくな」と思って節目をチェックすると、その価格帯が100円単位や50円単位のキリのいい株価だったという例は、日経平均採用225銘柄×30年分、しめて6750年分のチャートの中に数限りなく登場します。

過去の高値・安値とキリのいい株価が合体して投資家に強く意識されるようになった株価の節目に関しては、

①節目を越えたり、割り込んだりすると値動きに勢いがつく

②節目を越えられなかったり、割り込まなかったりすると、値動きが失速して反対方向に動く

①か②、いずれかのパターンになります。株価が高値をつけたり、安値をつけたり、

図12 「節目」を割り込むと下落が加速しやすい

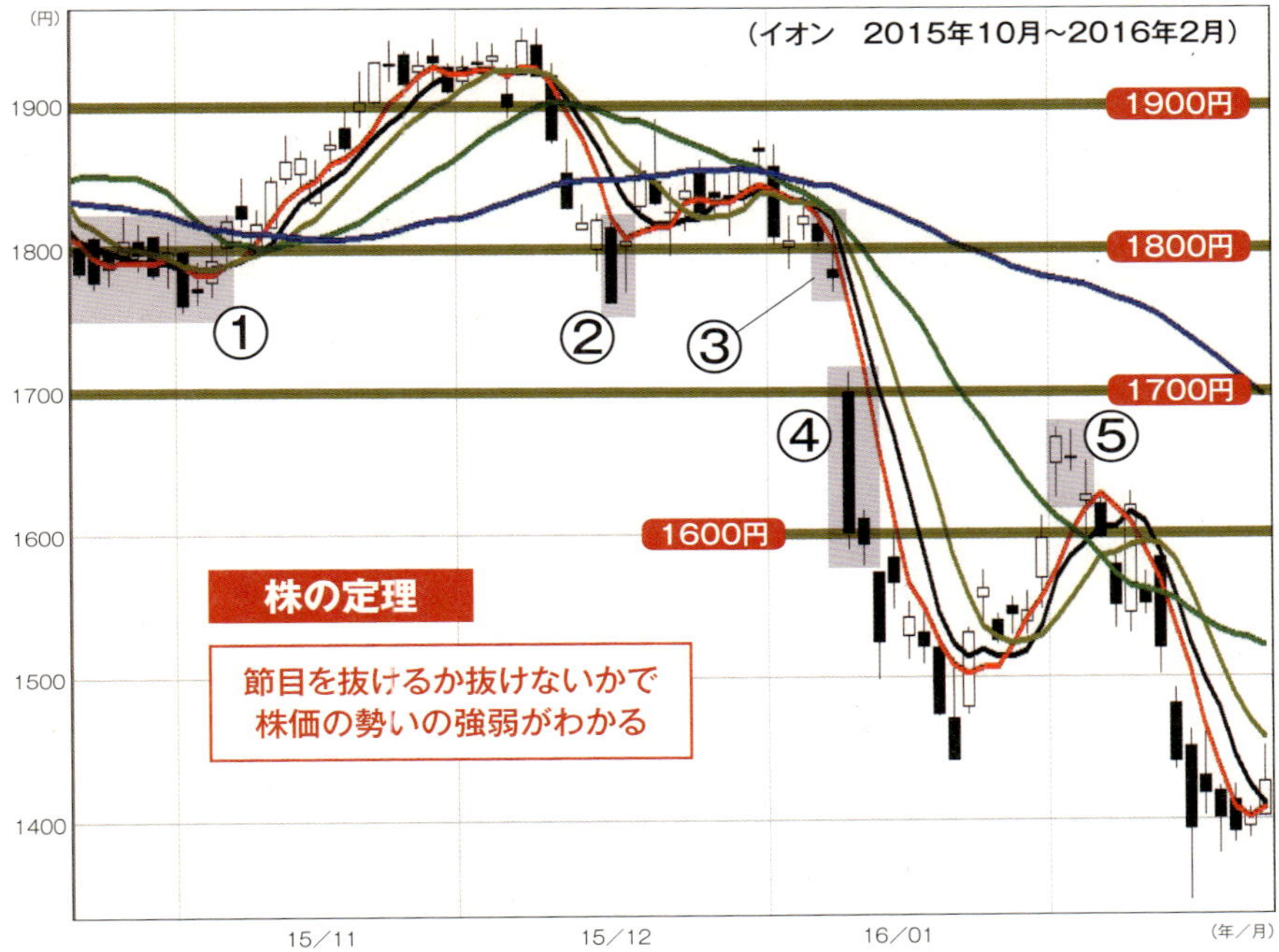

横ばい推移が続いたりしたら「あれ、おかしいぞ」と反応し、すかさず株価がいくらかをチェックすること。これは横断歩道を渡るときに右見て左見て安全確認するのと同じぐらい重要かつ当たり前のチェックポイントになります。

その際、これまた無意識のうちにチェックできるようにしておきたいのが、その「**節目トライ」が何度目か**ということ。たとえば**図12**のイオンの場合、「1800円」を越えられずに横ばいが続いたあと（①のゾーン）、いったん上昇に転じたものの、今度は「1900円」の壁に阻まれて下落。1800円の節目を少し割り込みますが（②）、なんとか反発上昇しました。しかし、また1800円の節目を割り込み（③）、一気に「1700円」という新たな下値の節目まで急落しています（④）。ローソク足とローソク足の間に空間が空いた状態を「**窓**」といいますが、③と④の間にはおよそ株価100円分の大きな窓ができています。こうなると下落の勢いが強くなるのは、その後の値動きが示す通りです。

イオンはさらに下がったあと、⑤のあたりまでは上昇しますが、今度は1700円の節目まで届くこともできません。「節目まで来ると跳ね返される」という法則すら達成できずに下がったわけですから、⑤の高値からの下落は「さらに弱い！」と判断して追撃売りを入れるポイントになります。

◆節目は買い手と売り手の攻防ライン。ダマシもフル活用

節目を意識するだけで、「節目を突き抜けて下がったら弱い」「飛び越えて上がったら強い」という判断ができますし、「節目まで到達することもなく下がったから、もっと弱い」「節目にタッチすることもなくさっさと上がったから、もっと強い」という応用判断も可能になります。節目を基準に株価の値動きの強さ・弱さまで探ることが

図13 「節目」に到達すると株価は止まりやすい

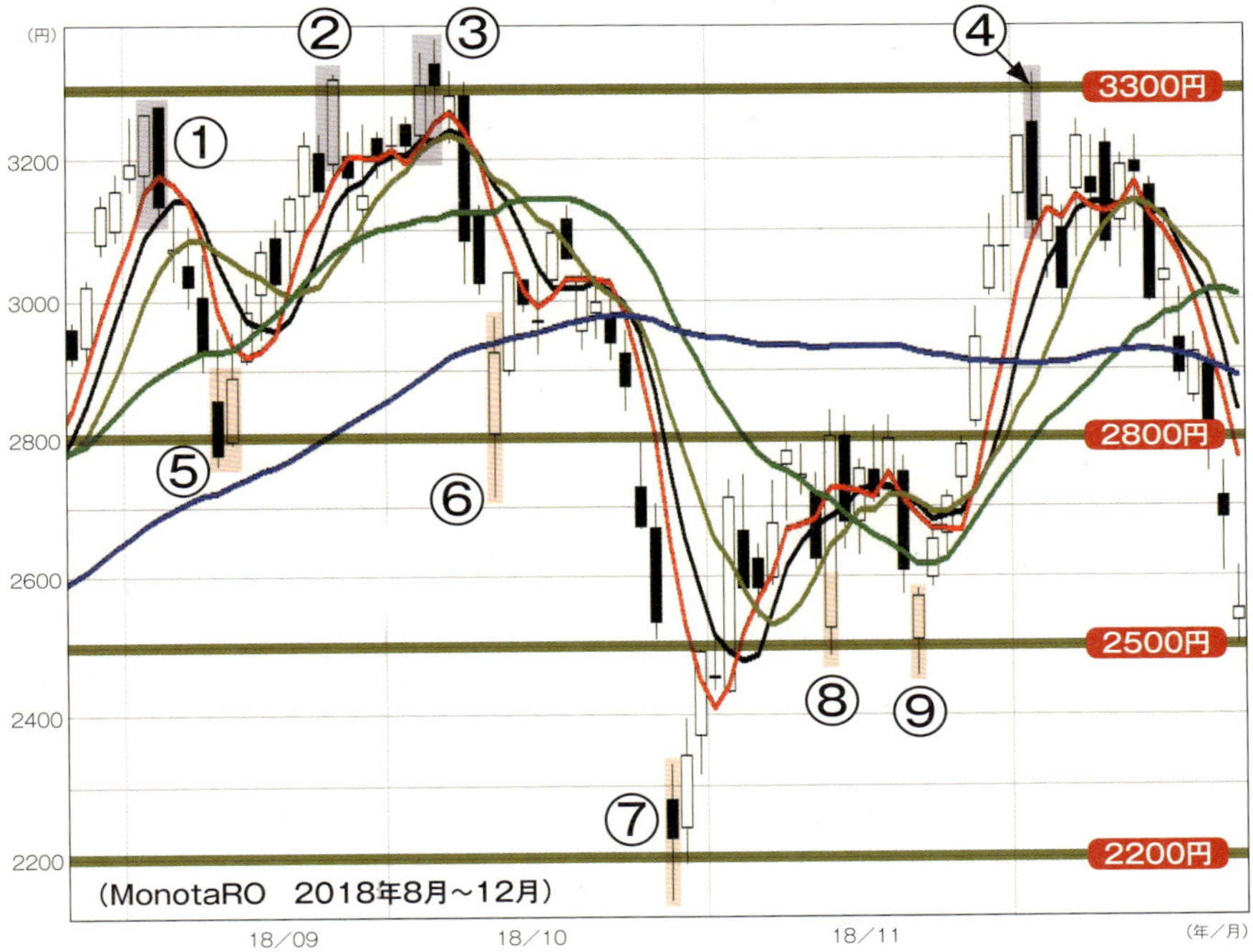

できるわけです。

節目というのはある意味、買い手と売り手という敵同士がぶつかり合う「関ヶ原」といえるかもしれません。

関ヶ原を挟んで対峙した買い手と売り手のうち、買い手が勝てば株価は勢いよく上昇、売り手が勝てば急激に下落。**買い手と売り手が激しく戦う攻防ラインになるのが節目**なのです。

図13のMonotaROの株価は「3300円」の高値に3度トライして、その後下落に転じています（図の①、

②、③）。そして④の上ヒゲ陰線でも3300円にタッチしていますが、このローソク足は「9の法則」（第3章で解説します）に照らし合わせると、陽線⑨から数えて9本目。①～③で3300円を超えられなかったばかりか、9の法則で9本目……つまり上昇一服の可能性濃厚なわけです。「4回目も越えられないだろうな」と予想し、④で安心してカラ売りを入れられますね。

反対に安値も「2800円」で2度（⑤、⑥）、「2200円」で1度（⑦）、「2500円」で2度（⑧、⑨）と、かなりの精度でキリのいい株価が下げ止まりポイントになっています。1度目はさすがにそこが本当に下げ止まりポイントなのか自信が持てませんが、2度目になれば「1度、そこで下げ止まった」わけですから、「再び、ここで下げ止まるはず」と考えて買いを入れてくる投資家は増えることでしょう。もちろん、株価が節目に跳ね返されたり、抜け切ったときは、移動平均線の傾きや並びはどうか？ローソク足の形はどうか？をチェックして、総合的に判断してください。また、図13における2度目の下げ止まりポイントである⑥や⑨は、買いで勝負して反転上昇を狙うチャンスにもなります。

次に「節目の応用編」を紹介しましょう。裏の裏は表ではないですが、節目を割り込むように見えて切り返して上昇した場合は、**1度、節目を割り込むダマシの動きが**

図14 「節目」抜けが失敗に終わると反対方向へ

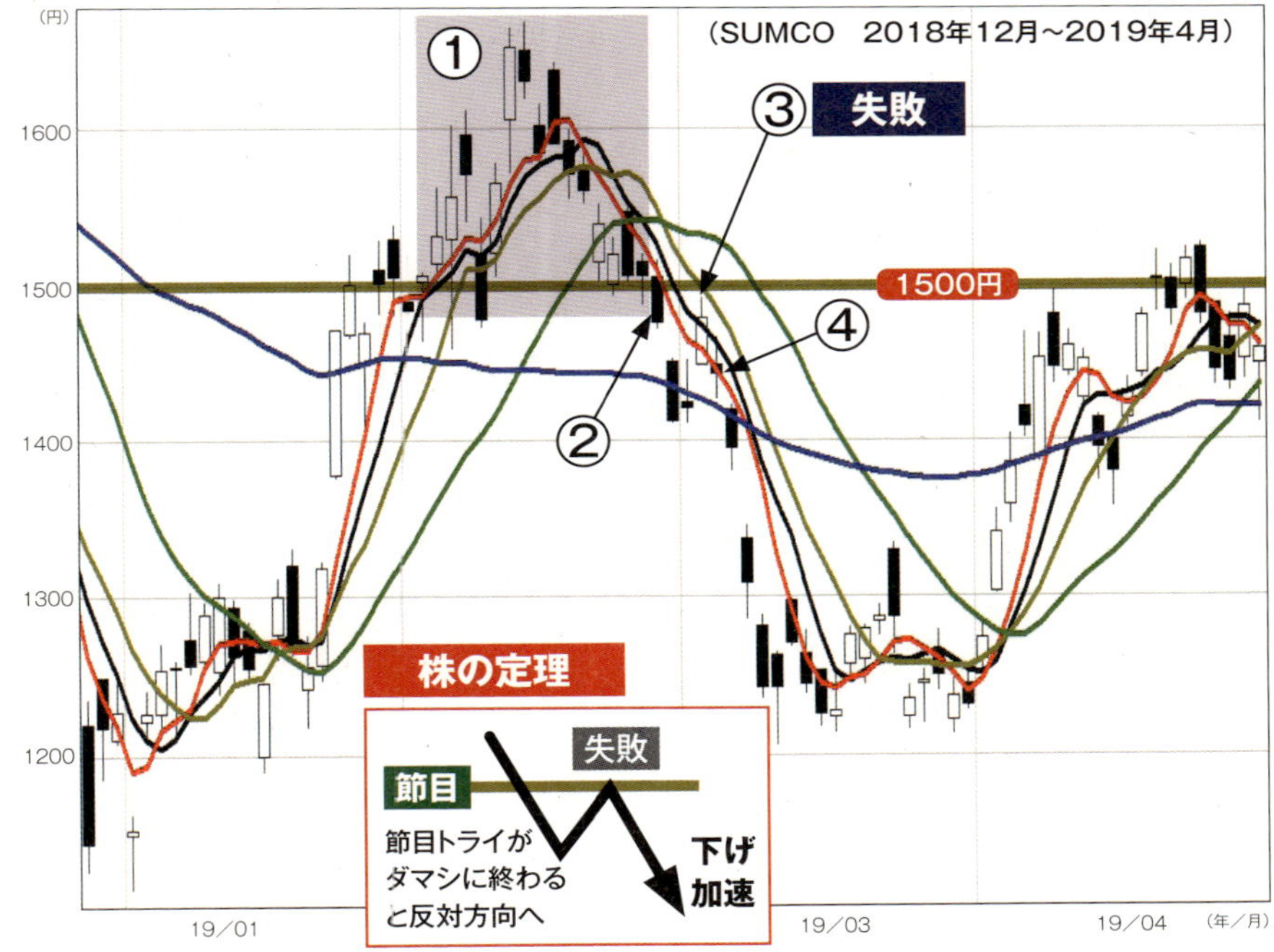

あった分、再度上昇したときの勢いも強くなるケースが多いという実例です。

図14のチャートは「1500円」という大台を何度目かのトライでなんとか抜けて上昇したものの、その後、それほど上昇が続かず下落した局面です。

図の①のゾーンが節目越えした期間になりますが、その後、いったん抜けた節目を再び割り込んで、①の節目抜けが「ダマシ」だと判明した②の陰線や、その後、いったん上昇して「1500円」にタッチしたものの上ヒゲ陽線（③）で終わり、翌日、5日線を割り込んで下落した陰線④は、カラ売りで勝負するチャンスになっています。

つまり、「節目を抜けると勢いがつく、節目を抜けないと反対方向に勢いがつく」という二択以外に、「節目抜けがダマシに終わり、失速したら反対方向に勢いがつく」パターンもあるということ。**あるシグナルのダマシは、それとは反対方向に勢いがつくシグナル**と考えると、売買の幅も広がり、柔軟な判断ができるようになります。

あらゆる値動きには意味があります。シグナルが当たってもハズれてダマシに終わっても、すべての値動きにはなんらかの意味があるのです。

「ダマシに遭遇したから、もう使えない」ではなく、シグナルがダマシだった場合は「そのダマシに何か意味はないか？」を自分なりに考えてみましょう。なにごとも自分の頭で考えない限り、技術の向上も成績アップも望み薄です。

これまで紹介した節目に関する値動きには、**図15**の概念図に示したように、

●株価が節目に当たって反転下落、反発上昇する

●株価が節目を突破して、さらに勢いよく上昇／下落する

という基本パターンのほかにも、

●何度かトライしても節目を越えない／割らない

図15 節目と値動きのパターン

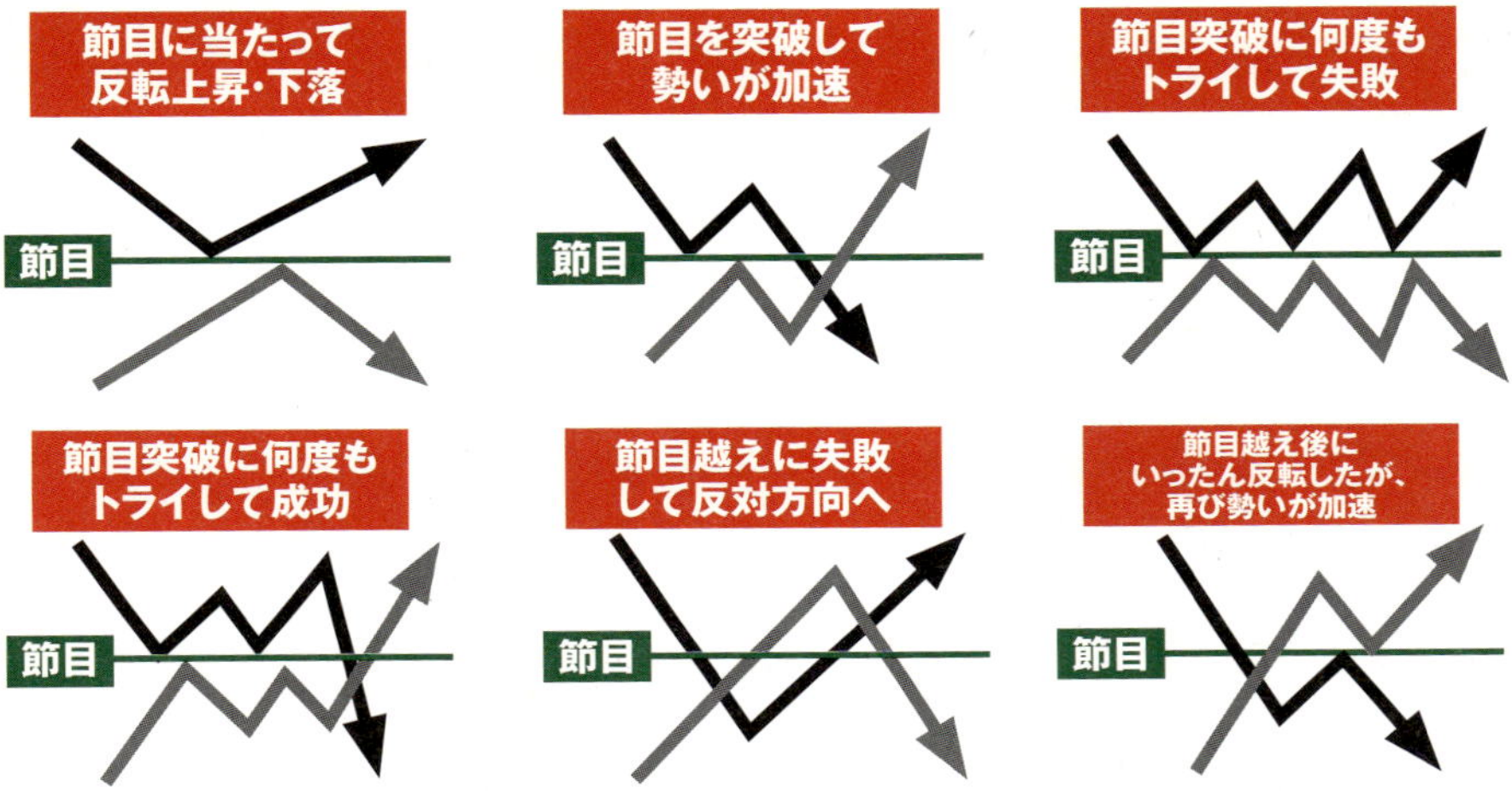
節目に当たって反転上昇・下落
節目
節目を突破して勢いが加速
節目
節目突破に何度もトライして失敗
節目
節目突破に何度もトライして成功
節目
節目越えに失敗して反対方向へ
節目
節目越え後にいったん反転したが、再び勢いが加速
節目

●何度もトライして節目を越える／割る

という「節目トライの回数」で値動きが変わるもの。さらに、

●節目を越える→越えた節目をすぐに割る

●節目を割る→割った節目をすぐに越える

という節目越えがダマシに終わるパターン。もっといえば、

●節目を越える→越えた節目まで戻る→割らずに上昇

●節目を割る→割った節目まで戻る→越えずに下落

という、ダマシのように見えて、実はダマシではなかったパターンもあります。ここまで来ると相当複雑ですが、最後のパターンはトレンドが転換するときなどに頻出します。

ここまで節目が上昇または下落トレンドを形成する例を紹介してきましたが、株価の値動きには〝ある上限と下限〟の間を行ったり来たりする横ばいトレンドもあります。横ばいのとき、株価が反転上昇する節目、反転下落する節目を見つけると、地味に稼げます。下限で買い、上限で売ることを繰り返す様子を箱にたとえて「ボックストレード」と呼ばれています。

キリのいい株価は買い手と売り手にとっての「関ヶ原」にもなり「陣地」や「砦《とりで》」にもなるポイントですが、株価というのは実に気まぐれで、一筋縄ではいかないものです。節目に関しては、「節目をいったん越えたように見えて結局越えられずに下げた」というパターンや「いったん割り込んだように見えたものの、復活して節目越えに成功した」というパターンも数多く登場します。「なんだ、節目なんて全然使えないじゃないか」と、そこで節目を全否定してしまうと、株式投資の技術向上は見込めません。さまざまなチャートを見て、練習あるのみです！

次ページ以降に、上昇パターン（**図16**）、下落パターン（**図17**）の過去問2つを紹介します。

株のチャートを見たら、空気を吸うように、株価の節目がすんなり頭に入ってくる、というぐらい自然に意識できるようになりましょう！

図16 「節目割れ」を回避したあと急騰

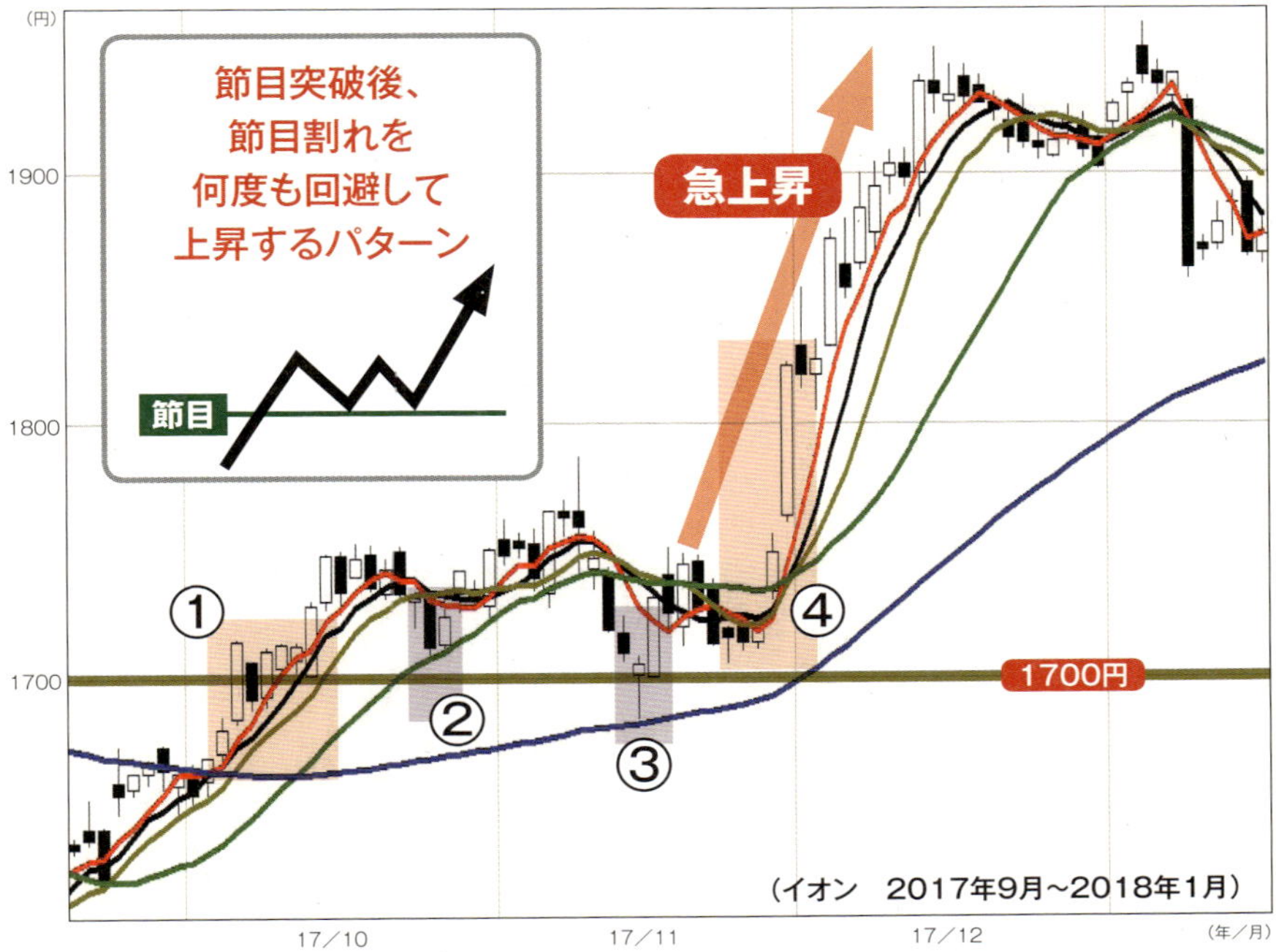

図16 の簡単解説

①のゾーンで1700円の節目にぶつかったあと、横ばいで推移。なかなか上昇できず、1700円が抵抗帯として意識されます。しかし、1700円の節目を突破して上昇して以降は、逆に②や③のような下落が1700円台で食い止められるなど、1700円の節目が支持帯として意識されるように。そして、④のゾーンでついに大きく上昇しました。「何度トライしても節目が破られなかったあとは、反対方向に株価が向かいやすい」のは株の定理。投資家は節目を意識して売買するのです。

図17 「節目」が支持帯から抵抗帯に変わる例

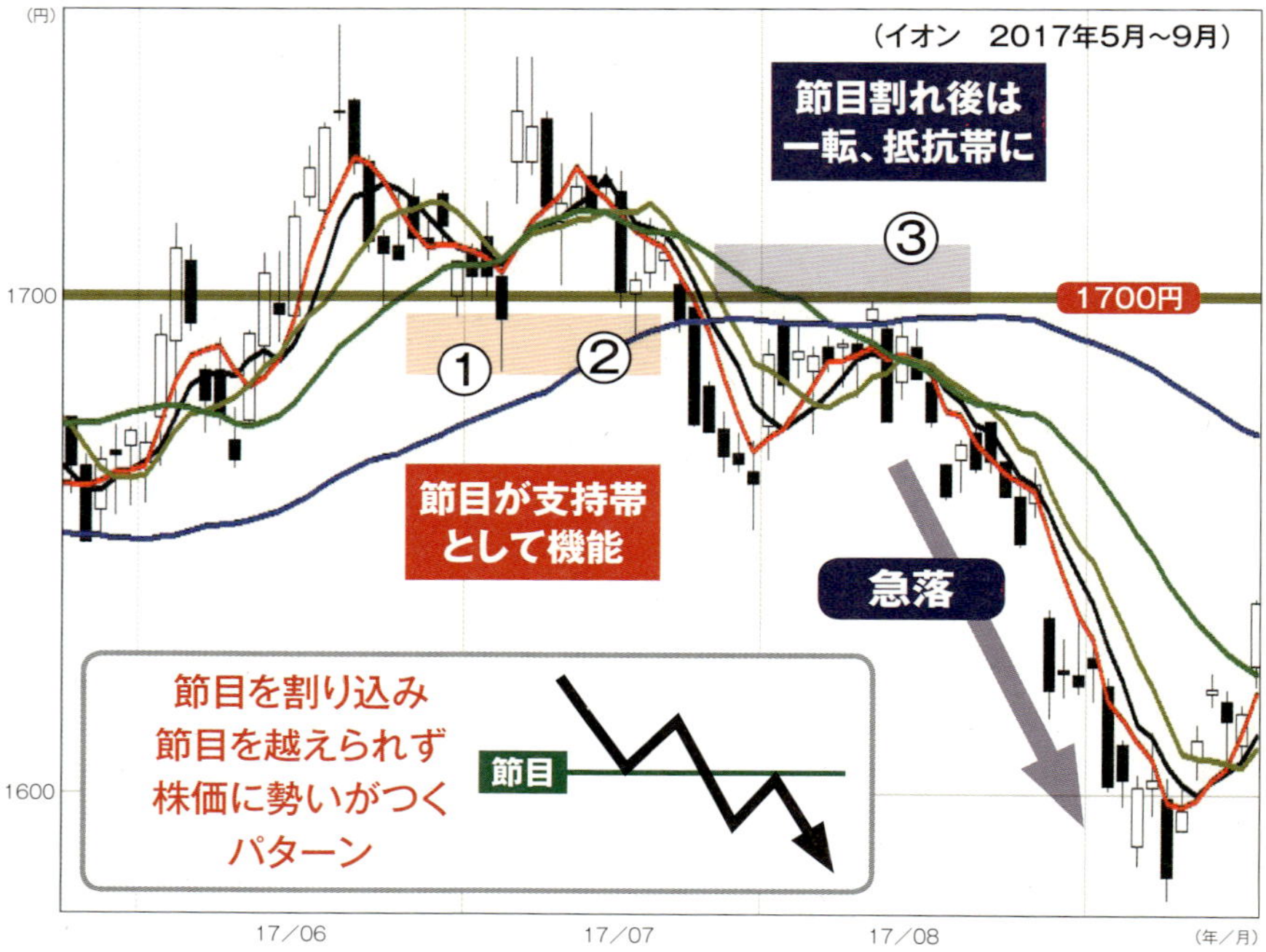

図17 の簡単解説

株価1700円が上昇を阻む壁になっていましたが、そこを突破。①や②が1700円台で止まったことから支持帯として機能します。しかし、その支持帯をバネに上昇することができず、1700円の節目割れ。③のゾーンでは、1700円が今度は上昇を阻む抵抗帯に変化し、その後の株価急落につながりました。「支持帯になっていた節目が破られると抵抗帯になる。抵抗帯が突破されると支持帯に早変わり」という「節目の定理」は実戦でも非常によく起こる値動きです。

第3章

基礎編②

「日柄を意識しよう」

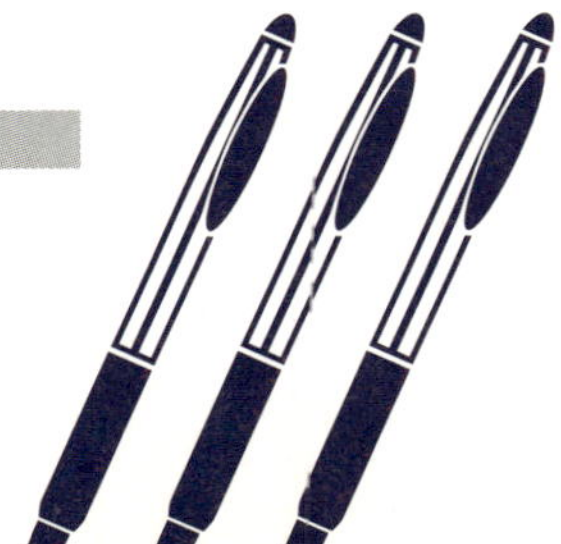

◆日柄と9の法則は超・使える！

株の値動きを示したグラフの縦軸は株価でしたが、横軸は時間になります。多くの投資家は「株価が100円上がった、やった！」「50円も下がった、残念……」と縦軸の株価には強い関心を持って、その行方を追いかけます。しかし横軸の時間にはかなり無関心です。

みなさんは、「その株が上がり始めてどれぐらいの時間が経過したか？」「株価が上がったり下がったりしているけど、1回の上昇局面はローソク足何本分だったか？そのうち陽線は何本か？」といったことに注意を払ったことがありますか？

おそらく、株式投資で「時間」「期間」「周期」「サイクル」などを意識している人はとても少ないように思います。しかし、30年以上も株で連戦連勝を重ねてきた相場師朗は声を大にしていいたい。**日柄を制するものが株式投資を制すると。**

日常生活で、「日柄」というと「本日はお日柄がよろしいようで……」という定番フレーズが思い浮かびますが、株式投資では時間経過のことを「**日柄**」といいます。

もう少し詳しく説明すると、日柄とは株価の上昇（下落）日数だったり、株価のトレンドや雰囲気が変化しやすい日数や月数だったり、一つの上昇や下落が終わるまでの

図18 値動きの時間経過が「日柄」

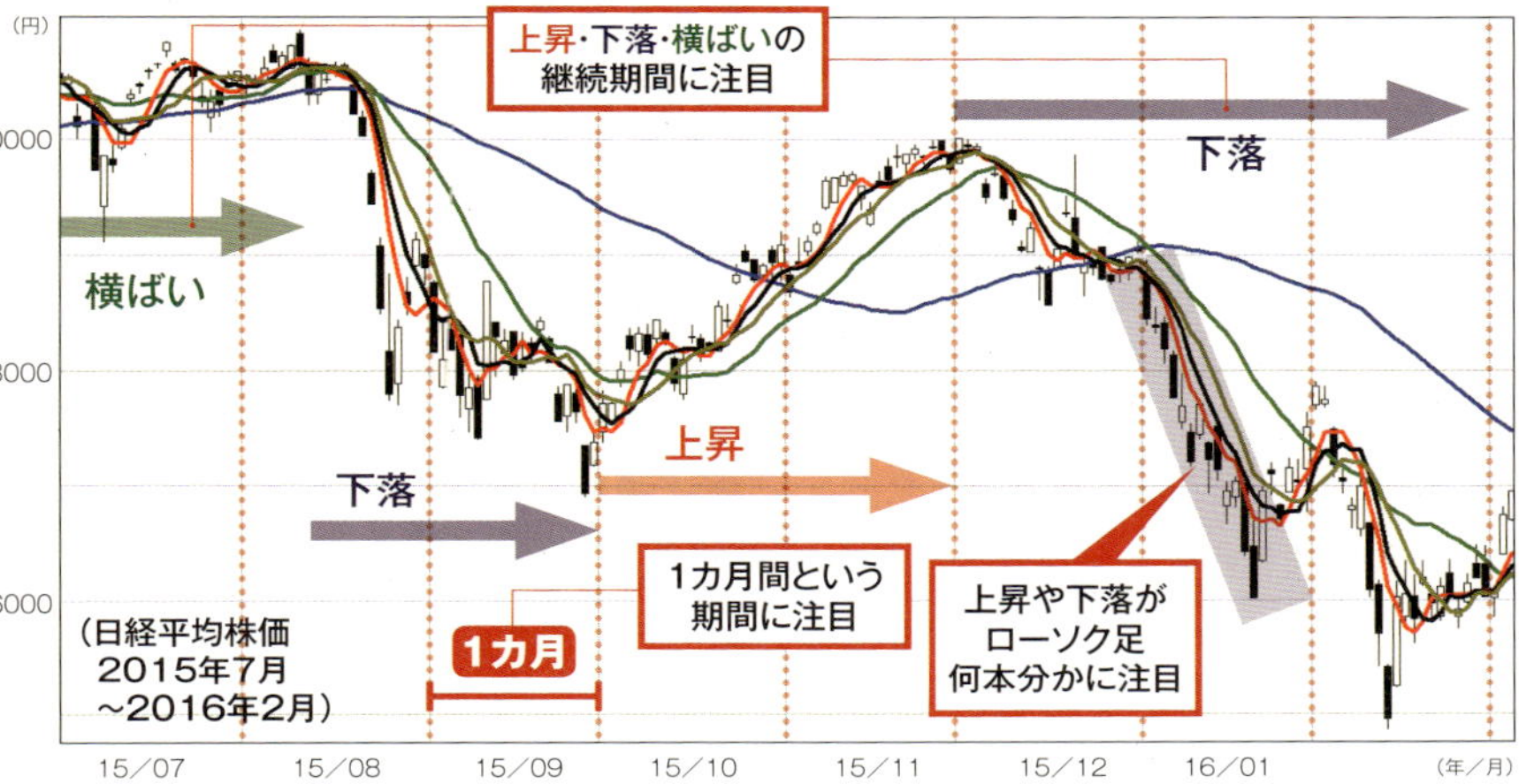

所要時間だったり、次の新たな局面に移るまでの時間経過という意味になります。

縦軸の株価しか気にしていない人は「株価の上昇に乗り遅れたくないから、今すぐ買わなきゃ」とか「こんなに株価が上がるのは絶対おかしい。売りだ、売りだ」と、株価だけを見て、売買判断を下してしまいがちです。

しかし、株価を動かしているのは人間の心理。投資家心理というものには一定の波というかバイオリズムのようなものがあり、それが日柄となって値動きのリズムや上下動のサイクルに強い影響を与えているのです。そのことがわかっていると、「**この上げはまだ初動段階か、それとも終了間際か**」といった視点や、自分は「**上昇が始まって**

から何本目のローソク足で買いを入れようとしているのか」といった観点から株価の値動きを観察するようになります。「相当、株価が上がってしまったけど、まだ上昇初期だから買える」とか「すでに上昇9日目で下落しそうだから利益確定しておこう」と、時間軸を使った売買判断を下せるようにもなります。

縦にも横にも自在に気配りできるようになることが、立派な株職人になるための条件です。まず、株式投資の〝作法〟として行ってほしいのは、「この銘柄を売買しよう」と決めたら、その銘柄の過去の値動きを示したチャートを「日足」「週足」「月足」と時間軸を変えて、大局観を持って眺めてみることです。

日足チャートとは、1日の値動きが1本のローソク足として記されたチャートのことです。週足チャートでは通常、5営業日＝1週間の値動きが1本のローソク足として記録されています。月足のローソク足1本は1カ月分の値動きになります。

本書で紹介する相場式シグナルの下半身や逆下半身（第4章）、くちばし（第5章）、ものわかれ（第6章）、N大《ニチダイ》（第7章）などは主に日足チャートで役立ちますが、週足チャートや月足チャートでも使えます。日足チャートを使って取引する場合でも、週足チャートを併せてチェックしましょう。

図19は日経平均株価の約半年間の週足チャートと、その前半と後半を日足チャート

図19 移動平均線だけのチャート（日経平均株価　2017年9月～2018年4月）

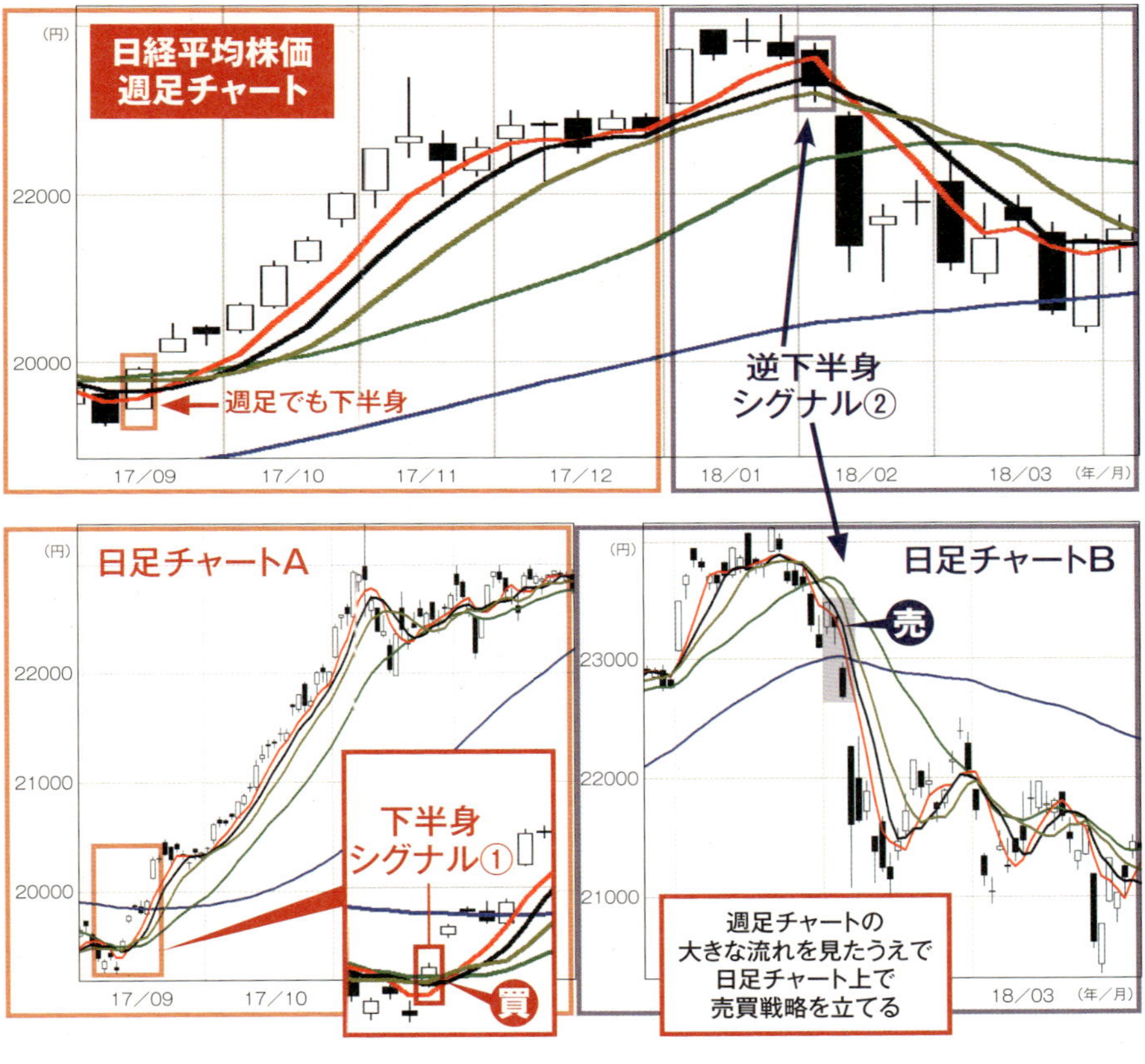

図19 の簡単解説

日足Ａの下半身の局面は週足チャートにおいても陽線が５週線を上抜けて下半身シグナルが発生しており、上昇トレンドの初動段階だと確認できるので安心して買いを入れられました。日足Ｂの下落の局面では、週足チャートでも逆下半身シグナルが点灯しています。

で示したものです。たとえば日足チャートAの下半身シグナル①で買いを入れる前に、週足チャートの上昇期間をチェックすれば「まだ上昇初期段階だから買いを入れても大丈夫だ」と判断できます。週足チャートが上昇から下落に転じて、5週移動平均線に対して逆下半身シグナル②が出たあとは「下げ相場は始まったばかり」と自信を持って日足チャート上で売ることができます。

日足チャートの中で起こる値動きは、週足チャートという大きな時間の中の1コマに過ぎません。大きな流れの中の小さな波しぶきみたいなものなのです。日足チャート上の値動きが、より大きな時間軸の週足チャート上で、どんな意味を持つのか。逆に週足チャート上の大きな値動きが、小さな時間軸の日足チャートにどんな影響を与えるのか。**「週足チャートと日足チャートの見比べ」**ができるようになると、時間を味方につけた取引ができるようになります。

◆まず「3カ月」「6カ月」という日柄は必ず意識しよう

パンローリング社の「チャートギャラリー」（試用版無料）に日足チャートを表示させると、1カ月ごとに区切りの縦線が引かれているので、1カ月の間にどんな値動きが起こったか、自然と意識できます。株価が安値をつけてから上昇し始めて何カ月

図20 各トレンドの持続期間はおよそ「3カ月」

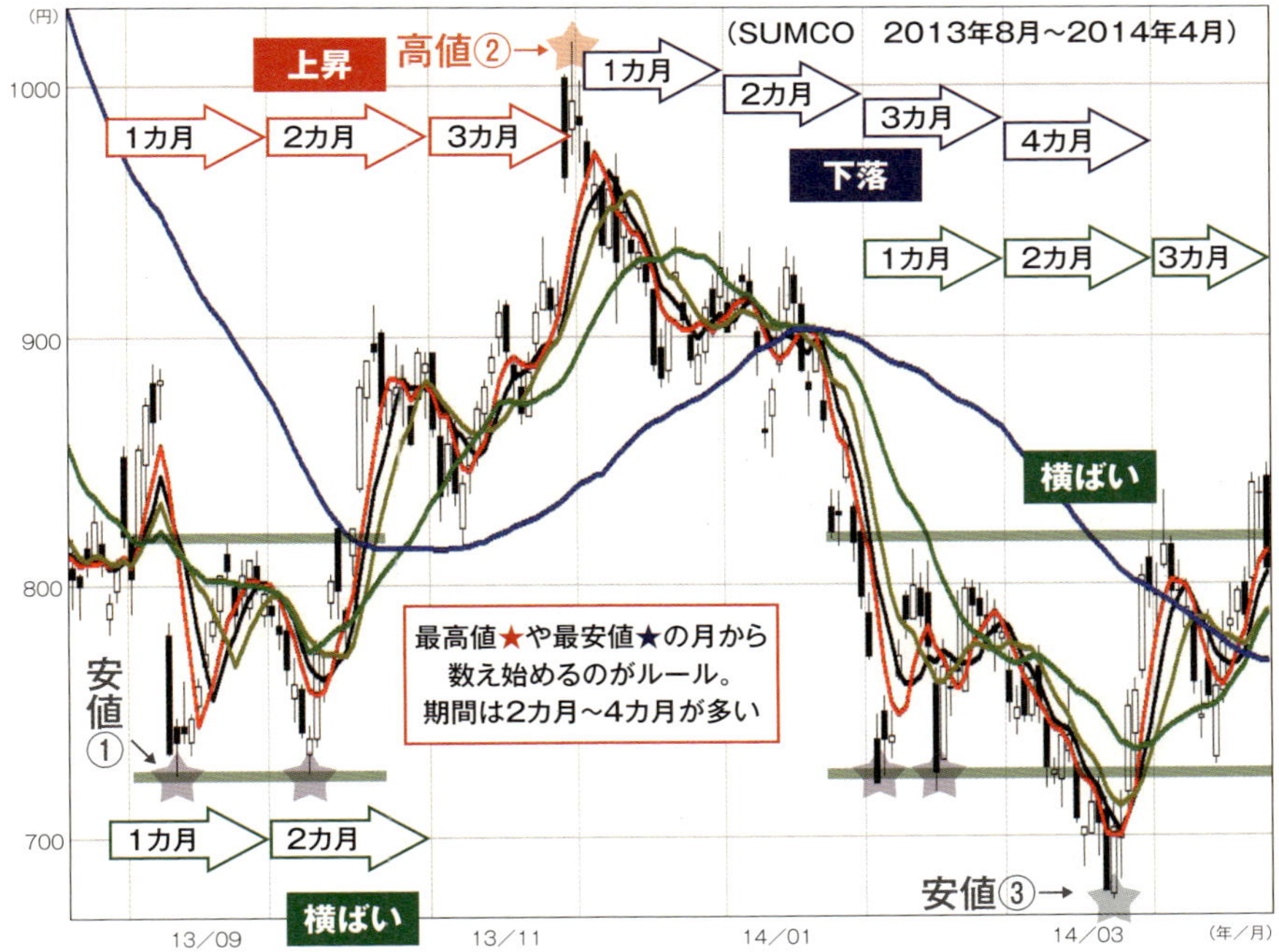

たったか、高値をつけて下落し始めてから何カ月が経過したかもすぐにわかります。

図20はSUMCOの日足チャートですが、上昇期間を赤の矢印、下落期間を青の矢印、株価が横ばいで推移している期間を緑の矢印と横ばい相場の上限・下限で示してみました。上昇や下落の期間については、上昇の起点となる安値、下落の起点となる高値をつけた月を「1カ月目」としてカウントしています。この図の場合、画面左で横ばい相場が2カ月続き、同時に起点とな

る安値①の月から数えて3カ月間、上昇が続きました。その後、高値②をつけた月から安値③をつけた月まで下落が4カ月続き、その途中から3カ月の横ばい相場が始まりました。永遠に上がり続ける株も下がり続ける株もありません。株価は大局的に見ると、「下がって横ばって上がる」、その逆の「上がって横ばって下がる」という「コ」の字を横に倒したような値動きをすることが、図20からもよくわかります。

相場式では、**下げ相場を「A局面」、横ばい相場を「B局面」、上げ相場を「C局面」と呼びます**が、事前にA、B、C局面がどれぐらい続くかわかっていれば、「そろそろ下げ止まって横ばいだな」と判断できたり、「もうすぐ横ばいから上昇に転じそうだ」と準備できたりするなど、取引がやりやすくなります。

●株の上昇や下落はだいたい3カ月周期。上げ→横ばい→下げという値動きのサイクル全体に関しては、およそ6カ月で一区切りつく

これが私の経験則からいえる結論です。株価のトレンドというのは、3カ月や6カ月単位で変わりやすいのです。当然、これはあくまで「目安」に過ぎませんが、どんなチャートを見ても、だいたい3カ月、6カ月という時間的な節目が値動きに影響を与えています。**図21**にさまざまな具体例を示してみました。他のチャートでも検証してみてください。

図21 チャートで過去の各トレンド期間を把握する

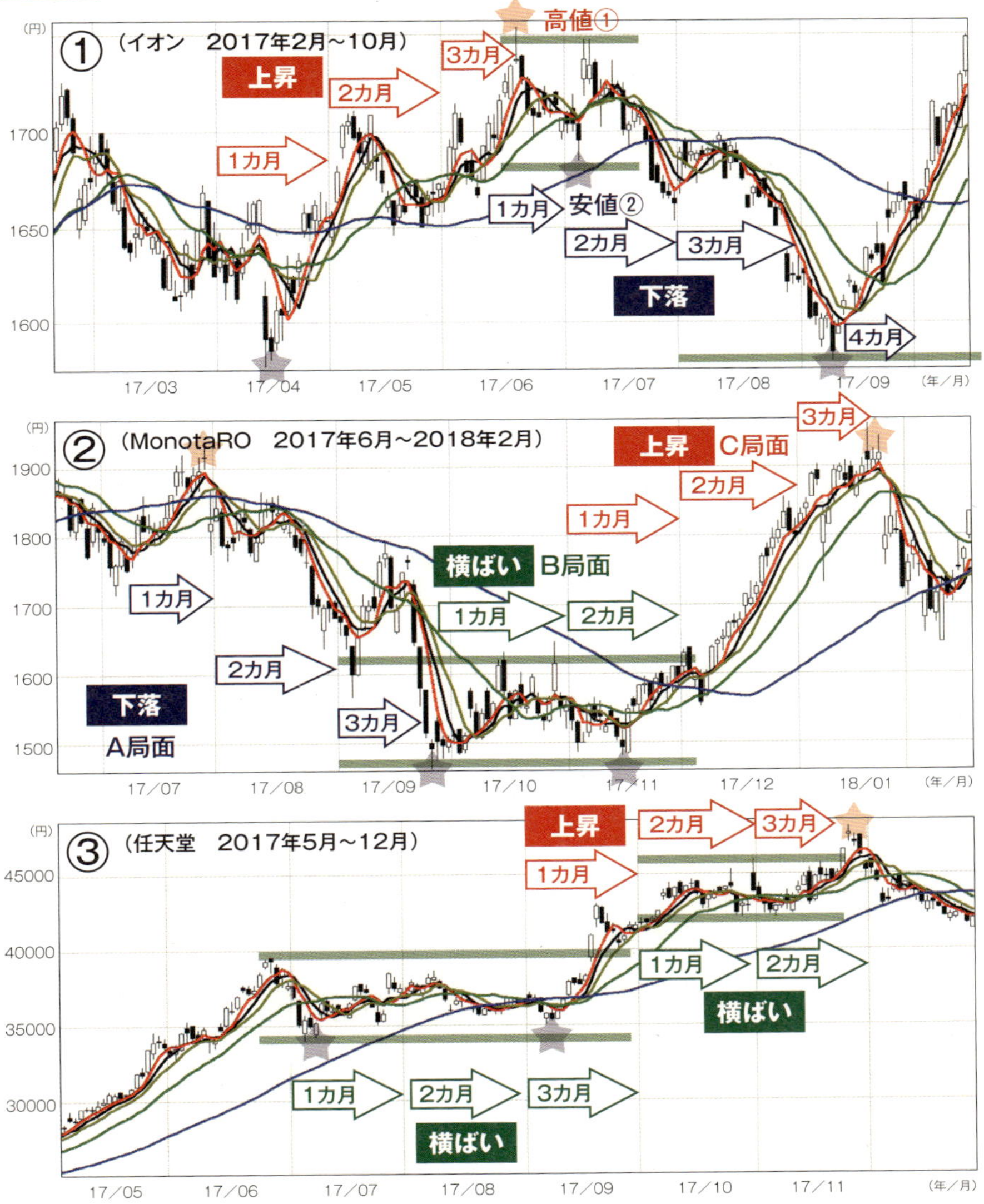

図21－1は「上昇3カ月、下落4カ月」で、横ばい相場が間に入らないV字型の上げ↓下げになっています。ただ、上昇3カ月目から下落2カ月目にかけては高値①を更新できず、かといって安値②を下回ることがない横ばい気味の値動きが挟まっています。**図21－2**は、「A局面（下落）3カ月、B局面（横ばい）2カ月、C局面（上昇）3カ月」という、最もオーソドックスな「コ」の字型になっています。各期間もおよそ3カ月。基本形として頭の中に叩き込んでおきましょう。

図21－3は全体としてはずっと上昇が続いている中、「（ゆるやかな上昇トレンド後に）横ばい3カ月↓上昇3カ月（うち2カ月は、やや横ばい）」といった日柄の構成になっています。

「トレンドの寿命はだいたい3カ月、株価のサイクルはおよそ6カ月」という「寿命」がわかれば、「この上昇はまだ若い」「この下落は賞味期限切れ間近」といった〝日柄感覚〟を持ったうえで取引できます。残念ながら預言者でもない限り、ぴったり「何年何月何日に株価が横ばいから下落に転じる」などと予想するのは不可能です。でも「だいたい」「おおよそ」「ざっくりいって」、それぞれの局面がどれぐらいの期間で終わるかわかっていれば、それだけでもかなり役立ちます。

図22は約6カ月に及ぶ上昇相場の中に、2カ月の横ばい相場が挟まった日柄構成に

図22 上昇トレンドの中にも必ず横ばい局面あり

なっていますが、上昇相場のときは「上がったら買う」の買い一辺倒でOK。ただ、Aのゾーンのように高値①を更新できない横ばいの動きが続いたら、その上限・下限を見極めて「ここまで上がったら売り、下がったら買い」とカラ売りも視野に入れた取引を行うことも、効率よく稼ぐためには必要になります。

「今はトレンド相場か、横ばい相場かを常に意識して、売買戦略を変更する」ことが、実戦ではとても重要になるのです。

どんな上昇も下落も3カ月以上、がんがん一方通行で上げ続ける／下げ続けることは稀で、上昇や下落がいったん小休止して横ばい相場が2～3カ月続く「踊り場型上昇」が多いのも株価の値動きの大きな特徴の一つです。強い上昇が続いている間は「株価が上昇したら高値を怖がらずに買う」という売買戦略が有効ですが、横ばい相場は「上がったと思ったら下がる、下がったと思ったら上がる」値動きなので、強いトレンド相場の戦略は通用せず、「上がったら売る、下がったら買う」というコツコツ戦略に切り替えないといけません。**「今はどんどん上がる／下がるトレンド相場か、上がっては下げ、下げては上がる横ばい相場か」**を、日柄のサイクルなどから察知したり、値動きを見て把握することが大切になります。

◆「9の法則」は利益確定や今後の展開予想にフル活用できる

私が自信を持ってみなさんにお伝えしたい智恵、それが**「9の法則」**。実戦を積めば積むほど、あなたもその偉大さに必ずや、気づくはず。

「9の法則」とは、チャート上で起こるどんな上昇も下落も、だいたいローソク足9本が続いたら反転する、またはいったん小休止するというものです（**図23**）。

東洋一の規模を誇る相場師朗の株式セミナー「株塾」の受講生からも、「9の法則

図23 「9の法則」の数え方

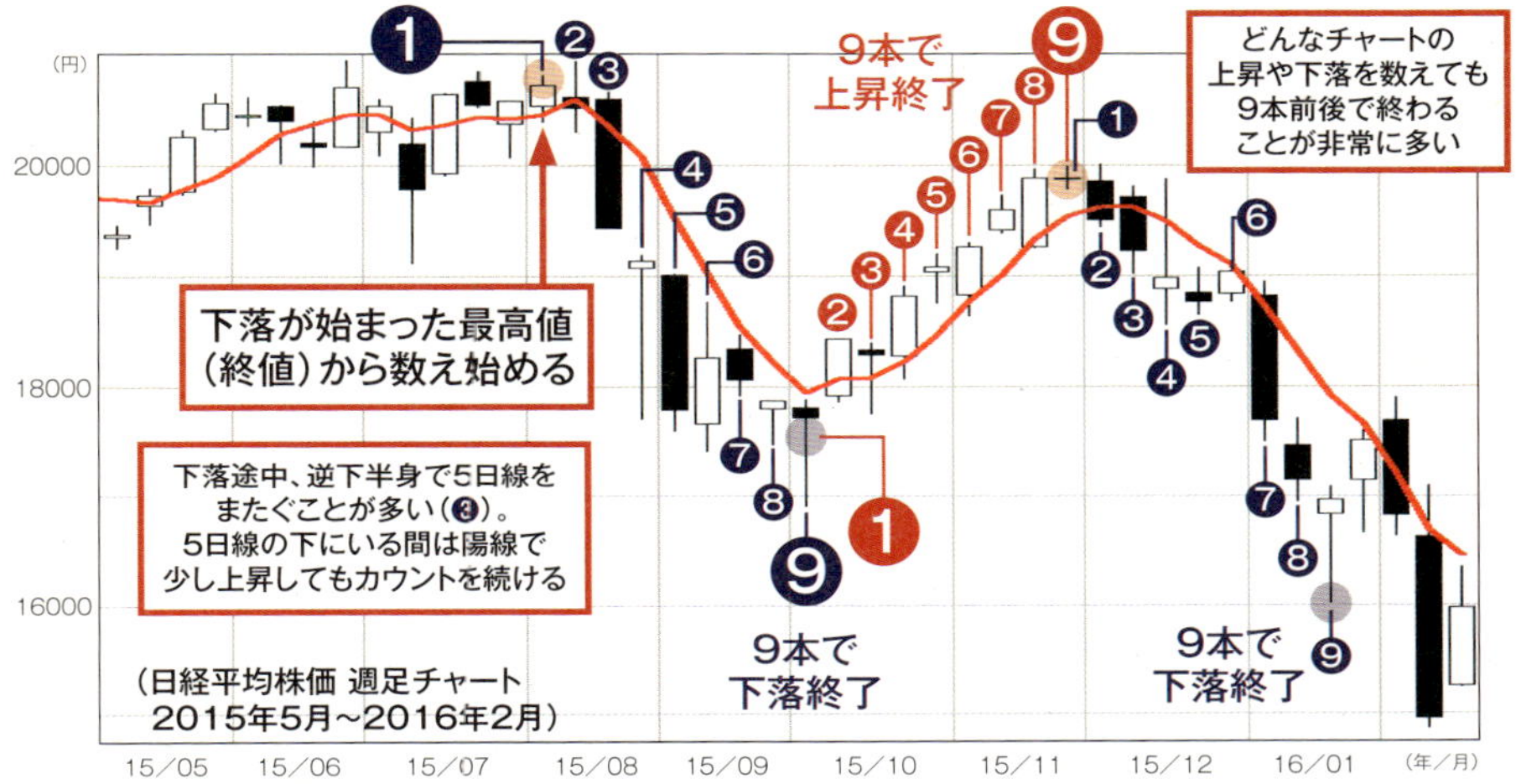

(円)
20000
18000
16000
15/05
15/06
15/07
15/08
15/09
15/10
15/11
15/12
16/01
(年/月)
9本で
上昇終了
どんなチャートの
上昇や下落を数えても
9本前後で終わる
ことが非常に多い
下落が始まった最高値
(終値)から数え始める
下落途中、逆下半身で5日線を
またぐことが多い(❸)。
5日線の下にいる間は陽線で
少し上昇してもカウントを続ける
9本で
下落終了
9本で
下落終了
(日経平均株価 週足チャート
2015年5月~2016年2月)

を使い始めてから、売買がうまくいくようになった」「投資成績が劇的に向上した」「利益確定のタイミングだけでなく、どこで買いや売りを入れるべきか、買いから売りに転換すべきかなど、売買を始めるタイミングを間違えなくなった」といった声をいただいています。

初心者の方は今、起こっている株価の値動きに過剰に反応しがちです。株が上がっていれば「今、買わないと損だ」と焦る。暴落などの非常事態が発生すると「もう駄目だ」と投げ売り……。

何度もいうように、株は永遠に上がり続けることも下がり続けることもありません。長期間、上昇し続けている株もいつかは下がる日がきますし、暴落して真っ逆さまに下落している株も必ずどこかで下げ止まります。その後、すぐに反転上昇しないかもしれませんが、少なくとも横ばい相場に移行します。

「今、上げているけど次、下がるな」「暴落しているけど、いずれはリバウンドするな」と、現在の値動きに翻弄されるのではなく、次の展開、次の次の展開まで先回りして考えられる。そうなったら、より冷静沈着で余裕を持った取引ができると思いませんか。それを可能にするのが「9の法則」なのです。

「株取引を始めたけど、なかなか儲からない」とお悩みの人、あなたは9の法則で数えて9本目の陽線で「まだまだ上がる」と思って買いを入れたりしていませんか？9の法則で下げ始めたばかりの3本目の陰線を見ても「もう、かなり下げたし、カラ売りは怖い」と不安に駆られて、せっかくのチャンスを逃していませんか？

とにかく**「ローソク足の本数を数えること」**、**たったこれだけ**。上昇なら、その上昇が始まった起点となる最安値をつけたローソク足、下落なら起点となる最高値をつけたローソク足から「1、2、3、4……」と、上昇もしくは下落を示すローソク足の数を数えましょう。そして①〜③のように活用します。

① 「9の法則」の2〜3本目あたりで売買して、予想通りの動きをしたら8〜9本目あたりでの利益確定を考える

図24 「ローソク足の本数を数える」を習慣に

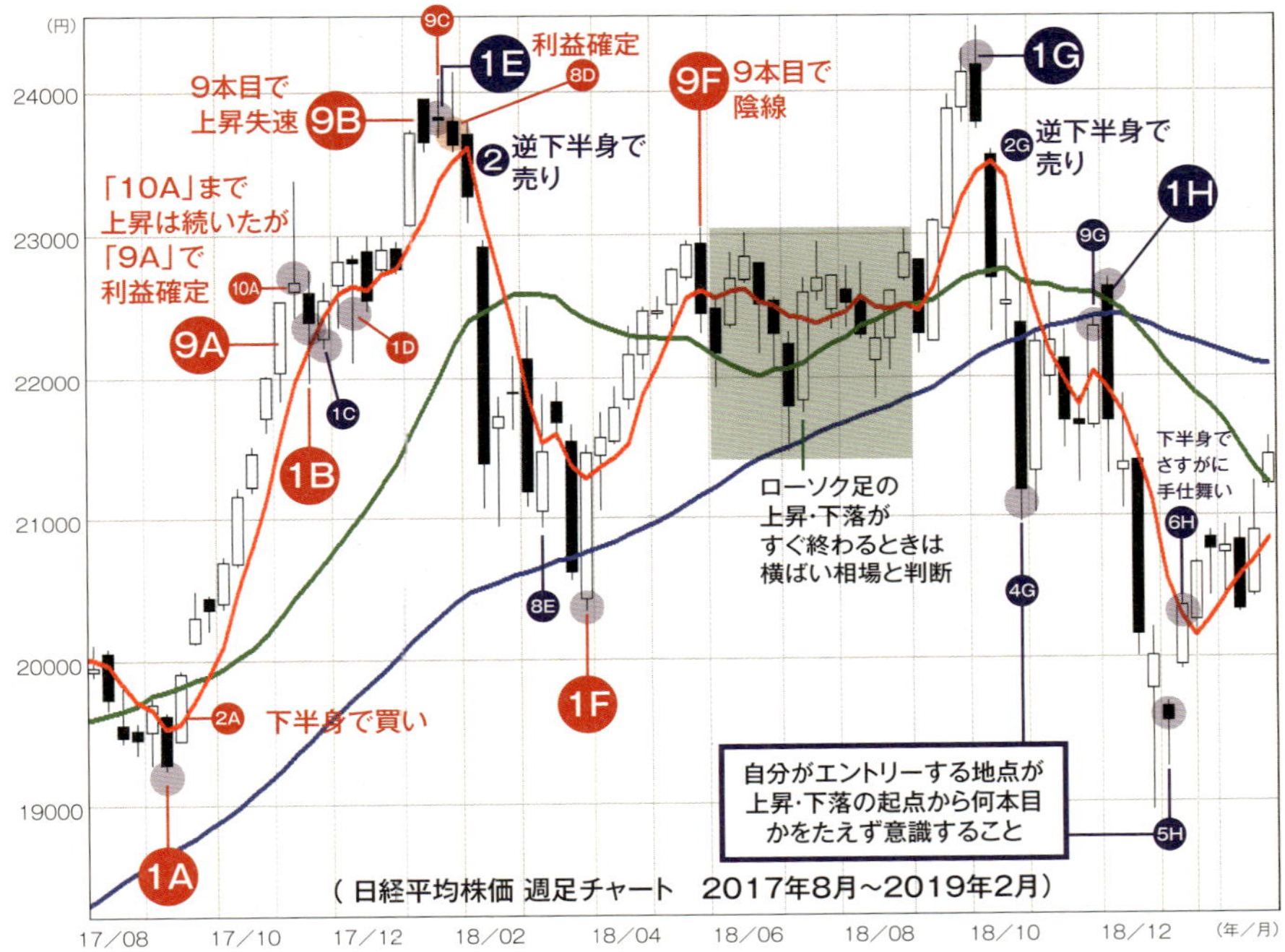

②上昇・下落が「ローソク足9本分」続いたら、そのあとは反対方向に動くかもしれないと心の準備をする

③9の法則がハズれて、上昇・下落が4～5本目ぐらいで終わったら、移動平均線の並びやキリのいい株価などの節目を見て、何か他に原因がないか、理由を考える

これだけで投資成績はぐんぐん向上します！

論より証拠。**図24**は日経平均株価の週足チャートですが、上昇や下落の起点から終点までにローソク足が何本あるか

を数えてみましょう。カウントのルールは、

●上昇の場合は「上昇開始前の最安値をつけたローソク足を起点に」、上昇が続いたローソク足の本数を数える。下落の場合は「下落開始前に最高値をつけたローソク足を起点に」、下落しているローソク足の本数を数える

●たとえ上昇中に陰線、下落中に陽線が出ても終値ベースで下がっていたり、5日線または5週線を越えない限りはカウントを続ける

●5日線または5週線を越えたら、数えるのをやめる（手仕舞う）

図25に示しましたが、どの高値や安値を起点にするか迷う場面も出てきます。これはチャートという過去問を使った鬼練習で「見る目」を養うしかありません。

もちろん、すべての上昇・下落がローソク足ぴったり9本分続くわけではありません。中には10本続いたり、7、8本で終わるケースもあります。でも、最大9本まで続くことが多い、ということがわかっているだけでも、すごいことです。9の法則を使うことで、「すでに買っている（売っている）玉《ぎょく》をそろそろ決済すべきか、まだ継続して保有すべきか」を決められます。具体的には、9の法則で3、4本目ならあと4、5本は続くだろうからもう少し利益を伸ばそう、7、8本目まで来たらそろそろ反転する可能性も考えて利益確定しようといった判断になります。

図25 ローソク足の数え方に迷う例

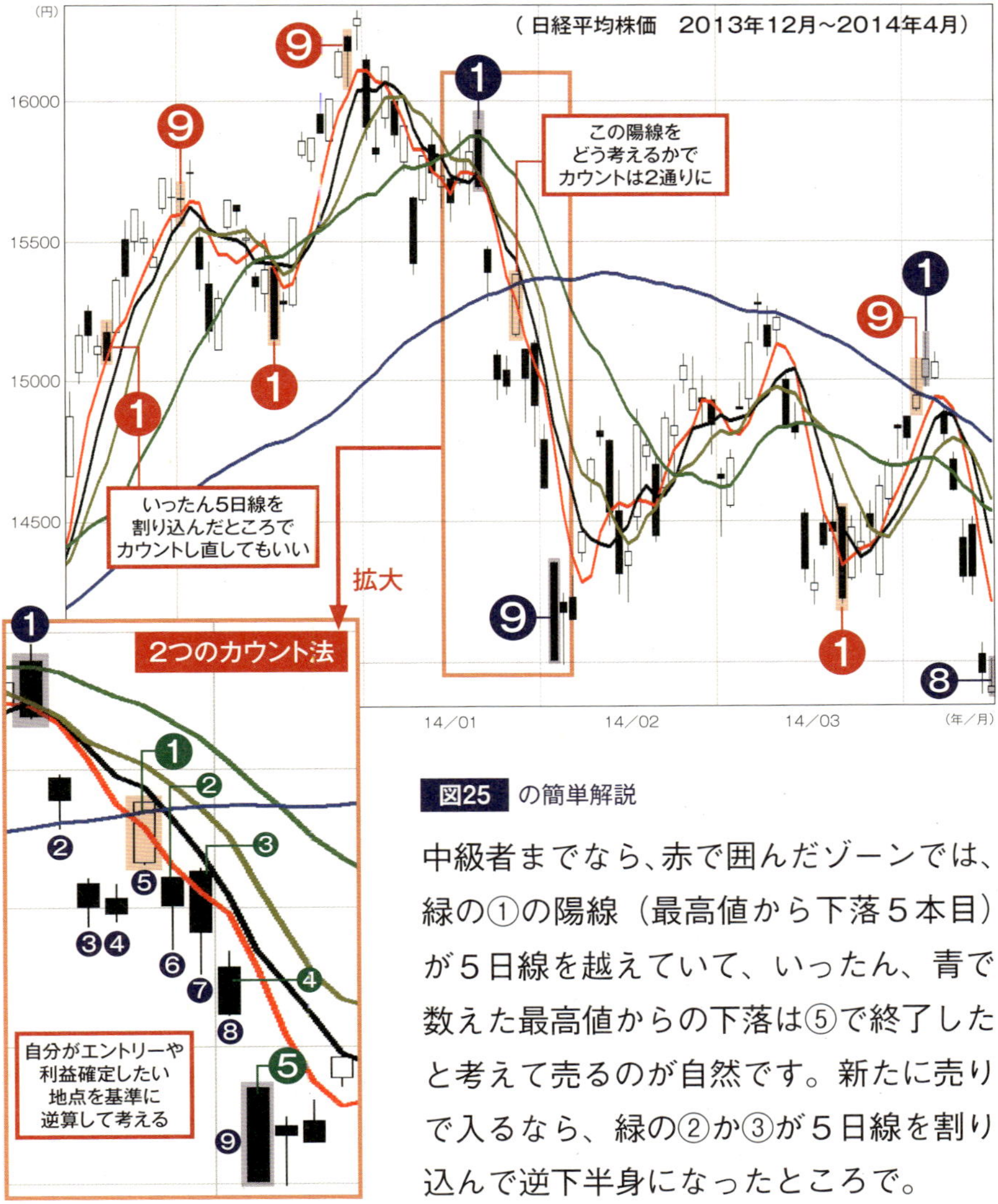
(円)
16000
15500
15000
14500
（日経平均株価　2013年12月～2014年4月）
9
9
1
1
1
この陽線を
どう考えるかで
カウントは2通りに
いったん5日線を
割り込んだところで
カウントし直してもいい
拡大
9
1
9
8
1
14／01
14／02
14／03
(年／月)
2つのカウント法
自分がエントリーや
利益確定したい
地点を基準に
逆算して考える

図25 の簡単解説

中級者までなら、赤で囲んだゾーンでは、緑の①の陽線（最高値から下落５本目）が５日線を越えていて、いったん、青で数えた最高値からの下落は⑤で終了したと考えて売るのが自然です。新たに売りで入るなら、緑の②か③が５日線を割り込んで逆下半身になったところで。

「起点からすでに8、9本目のローソク足の場合、今から新たに売買するタイミングとして遅くないか?」と躊躇《ちゅうちょ》することもできますね。決済だけでなく、新規エントリーの判断材料としても使えるわけです。

9の法則で7、8本目まで来たら、今後、値動きが反転する可能性があるので逆方向の売買に向けて準備することもできます。もちろん、9の法則自体は売買を続ける目安にはなっても、売買を始める根拠にはなりません。実際に買いや売りを入れるときの判断材料は、ローソク足が5日線を陽線で越える下半身、陰線で割り込む逆下半身(第4章で紹介)など、相場式の株の売買シグナルを活用します。

◆9の法則は「今の売買判断」に使う

9の法則は、日々のトレードにおいて、あなたが売買判断に迷った「今」こそ、役立ちます。「今」から逆算して、その前にある上昇や下落の起点となった最安値・最高値を探し、その地点から数えて「今」がローソク足何本目にあたるのかを把握することが大切なのです。

起点からの本数がわかれば、「上昇や下落がスタート地点から9本目まで続いているから、利益確定しよう」などの判断がスムーズにできることでしょう。

図26 「9の法則」を使った実戦的な利益確定

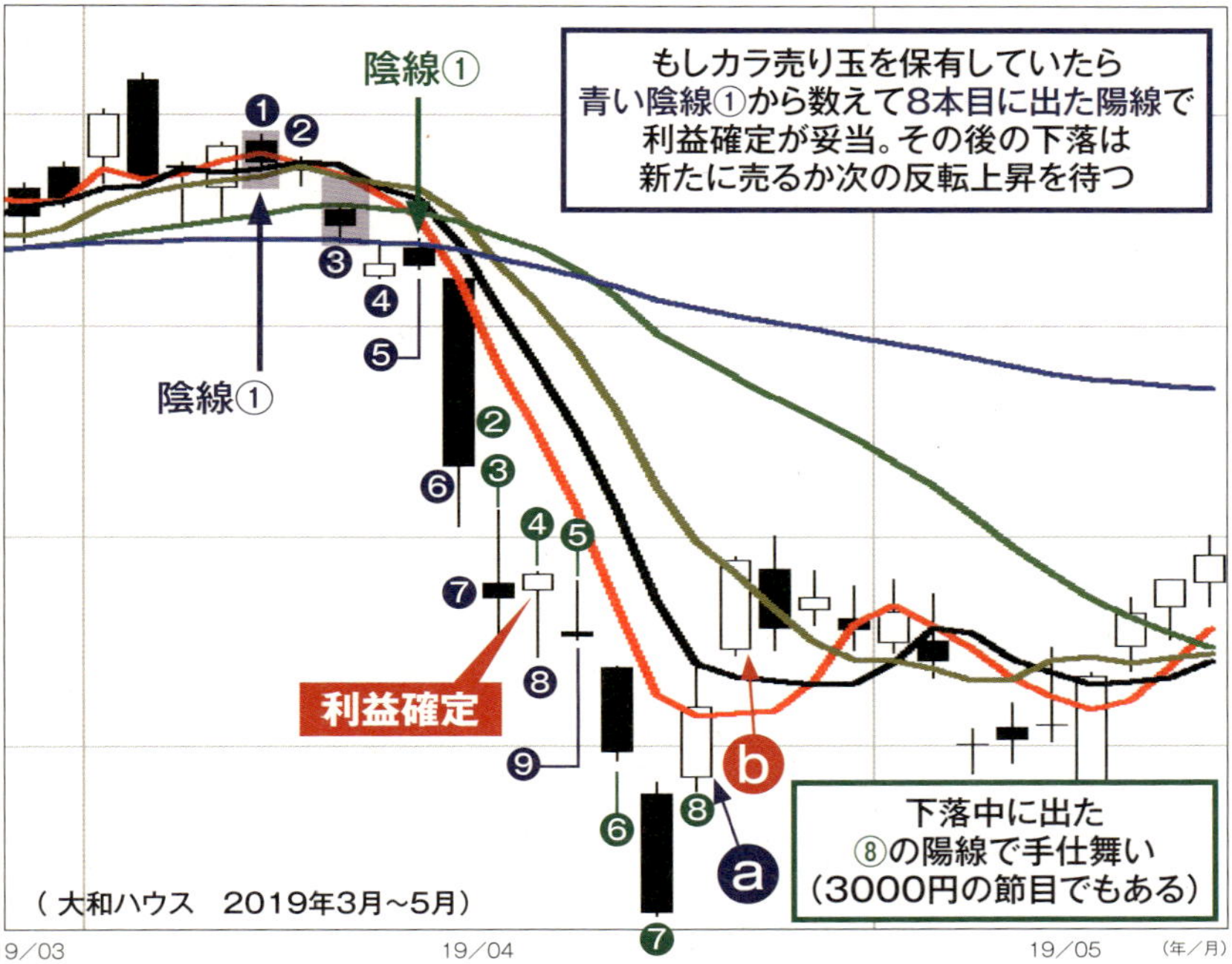

(円)
3600
3400
3200
3000
陰線①
陰線①
もしカラ売り玉を保有していたら
青い陰線①から数えて8本目に出た陽線で
利益確定が妥当。その後の下落は
新たに売るか次の反転上昇を待つ
利益確定
下落中に出た
⑧の陽線で手仕舞い
(3000円の節目でもある)
a
b
(大和ハウス 2019年3月~5月)
19/03
19/04
19/05
(年/月)

まずは〝チャートを繰り返し見る練習〟の際に、9の法則に照らし合わせながら過去のローソク足の動きをチェックしてみてください。この法則がどれだけ有効かを実感するのも大事な勉強です。

たとえば、**図26**は大和ハウスの下落局面をクローズアップした日足チャートですが、青の陰線①を起点に数えた場合と、その後、すべての移動平均線を割り込んだ緑の陰線①を起点にした場合では、当然、〝今のローソク足が何本目か〟という本数が変わってきます。青の陰線①を起点とした場合、青⑨まで持っていたいところですが、やはり青⑧の陽線で利益確定するのがいいでしょう。実際は、青⑧の陽線のあと、ローソク足3本分の陰線（下落）が続きましたが、それを予測するのは初心者には厳しいと思います。投資格言に「鯛の頭と尻尾はくれてやれ」とあるように、〝ここは9の法則から見て下落も終わりかけだから、陽線も出たことだし、次に来るはずの反転上昇チャンスに備えよう〟と気分を切り替えましょう。もしくは青の陽線⑧を起点に再び下落が始まったと考えて、それに続く青の陰線⑨でカラ売りを入れてみるのも一考。その場合は大陽線ａの次に出た陽線ｂでさっさと手仕舞うことになります。

もしくは、緑の陰線①でエントリーする手もあります。緑の陰線①は、すべての移動平均線を下回った（厳密には上ヒゲが60日線に少しかかっていますが）状態。ここでカラ売りを仕掛けてみましょう。緑④で陽線が出ていますが、まだまだ移動平均線の下に位置していますのでホールド。緑⑦の大陰線でニヤニヤしてしまいますが、緑⑧の陽線で利益確定。9本目までいっていませんが、ここで5日線にタッチしていますので、ルール通りに手仕舞うのがよいでしょう。

一寸先は真っ暗闇といわれる株式投資の世界で、頼れるガイド役が「9の法則」です。暗闇の中を歩くとき、懐中電灯があるかないかでは雲泥の差がありますよね？

「9の法則」の便利さは、実際にあなたがお金をかけて株の取引をしてみたら、すぐにわかります。「9の法則って、ものすごく使えるじゃないの！」と。

「ぴったり9、続かないじゃないか」なんて、ヤボなことはいわないでください。株が明日、上がるか下がるかを100％正確に当てることは誰にもできません。

9の法則は「法則」や「定理」というより「目安」や「尺度」ですね。株式投資に100％の正解や絶対の真理がない以上、「智恵」や「技術」、「経験則」「工夫」をフル活用するしかないのです。

最後に、ドリル形式で実戦に即した「9の法則」の使い方を紹介しておきましょう（次ページ**図27**）。いずれも日経平均株価のチャートですが、9の法則通りにいかなかった場合にどう判断するかが重要です。その場合は移動平均線やローソク足の形状などを頼りに新たな売買判断を下したり、9の法則で9本目が終わるまで様子見をしたり……。実際の値動きに即して柔軟に対応します。

私たちが持っている「株の武器」は9の法則だけではありません。**移動平均線、ローソク足、直近の高値・安値、株価の節目など、複数の道具をすべて使いこなして「正しい」「最善」と確信できる判断を、それぞれの場面できちんと下すこと。**それが株式投資で着実に利益を上げていくために求められる「総合力」です。

図27 ドリルで検証！「９の法則」の使用法

（日経平均株価　2018〜2019年の日足チャートより抜粋）

Q1
図の「売」「買」は
それぞれどこで決済しますか？

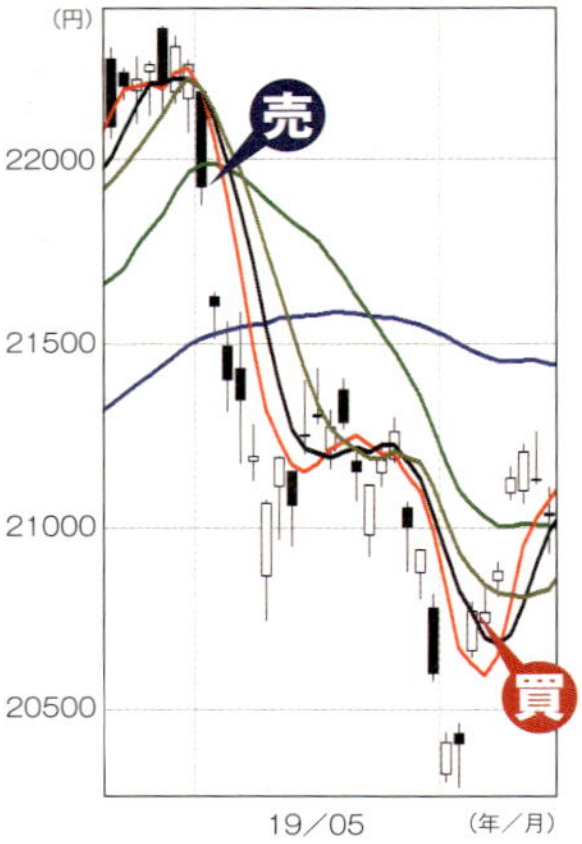

Q2
図の「買」と「利益確定」
は妥当だったでしょうか？

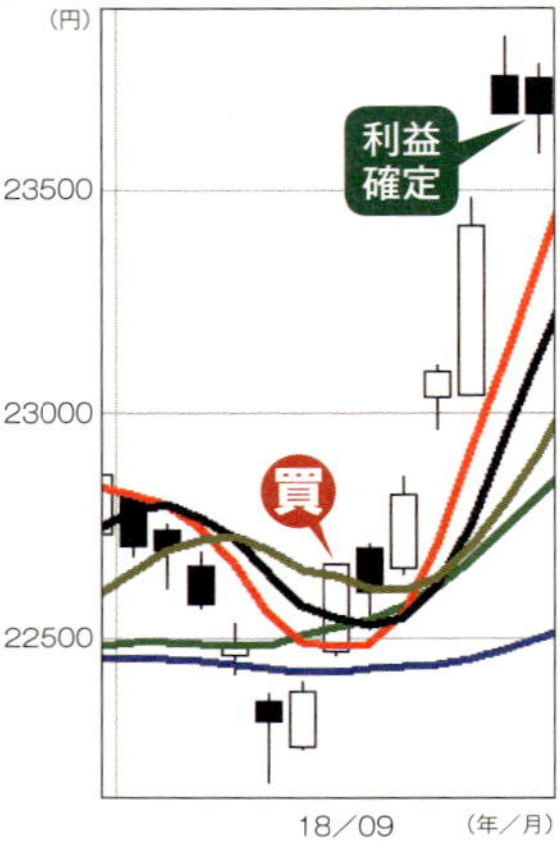

Q3
①の「売」を利益確定後、
②で「売」。成功したでしょうか？

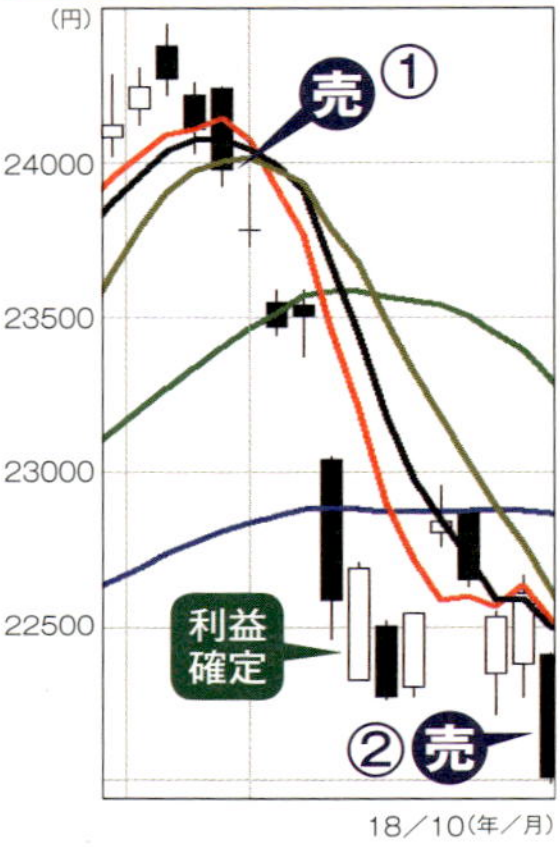

A1

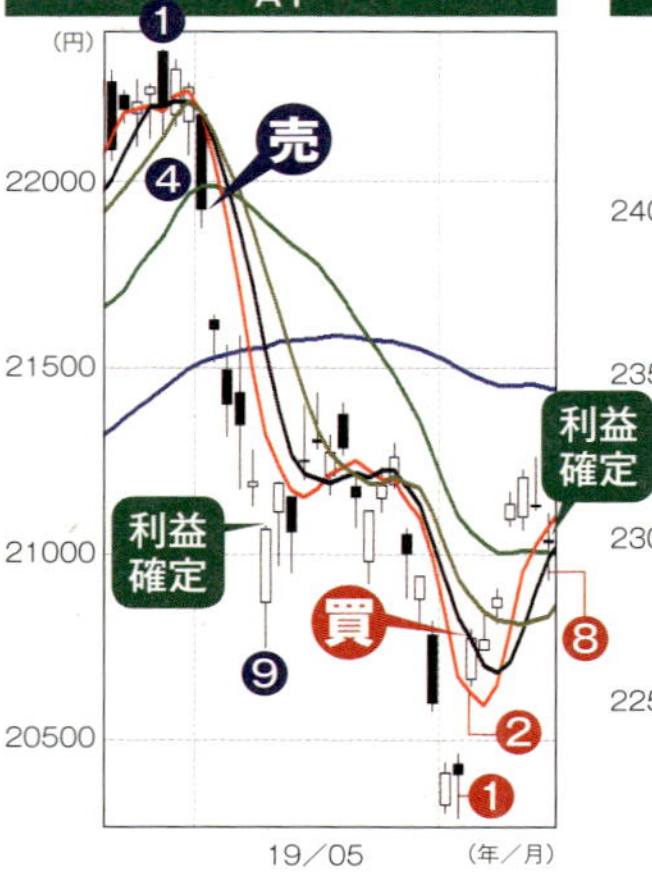

「売」は下落4本目。❾の陽線で利益確定が妥当。「買」は❽のローソク足が5日線を割り込んだところで利益確定が妥当。

A2

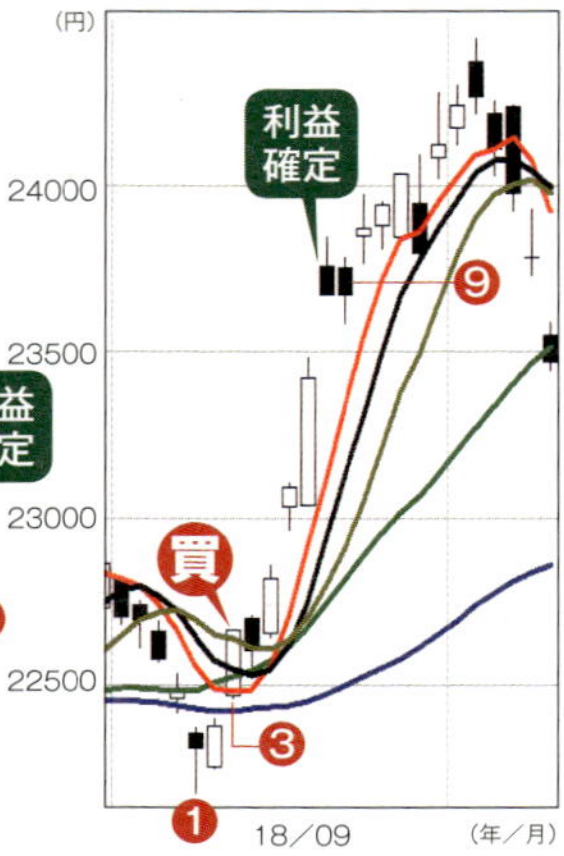

上昇はローソク足が最大9本までなのに8本目で陰線が出ているため、上のチャートの「利益確定」より一つ前の陰線で利益確定が妥当。

A3

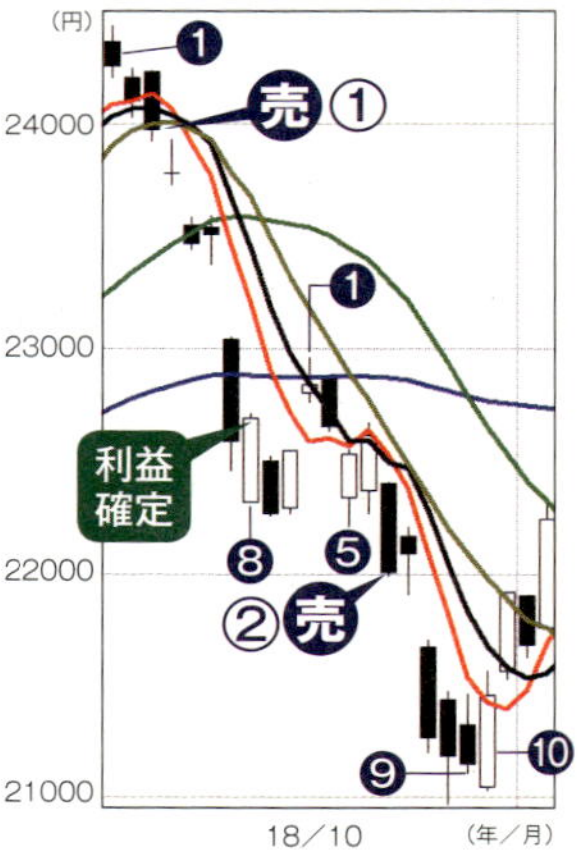

再び下落が加速する起点となった中央の❶から数えて、まだ5本目の陰線なので妥当。その後、❾の陰線か❿の陽線で利益確定。

第4章

相場オリジナル①

下半身

◆下半身で株の利益をぐんぐん伸ばす！

相場式シグナルの中で最もシンプルかつ威力のある武器、それが「下半身」「逆下半身」です。**下半身の定義は「ローソク足が横ばいから上向きに転じつつある5日移動平均線を下から上に陽線で抜けること」**。反対に、**「ローソク足が横ばいから下向きの5日線を上から下に陰線で割り込む」のが逆下半身**です（図28）。ローソク足の実体部分が5日線をまたいで越える形以外に、窓を空けて飛び越えた場合もシグナル点灯と見なします。いずれも、株価が勢いよく上昇／下落を続ける「号砲」になります。

5日線は5日間の株価の終値の平均値、すなわち土日を除く1週間の値動きの平均値です。もし、すべての投資家がその日の終値で株の売買を行ったとすると、5日線は約1週間の間に株の取引をした投資家のトータルの損益が買い手側のプラスになるか、売り手側のプラス（買い手側のマイナス）になるかの転換ラインになります。

5日線をローソク足が陽線で勢いよく上に抜けたということは、これまで1週間の平均値として損益がマイナスだった買い手全体のポジションがプラス転換した瞬間で、それと同時に「買い手がこれからさらに増える」ことを意味します。

損益がプラスに転換したわけですから、当然、買い手側の意識はパッと明るくなり、

図28 下半身・逆下半身シグナルとは

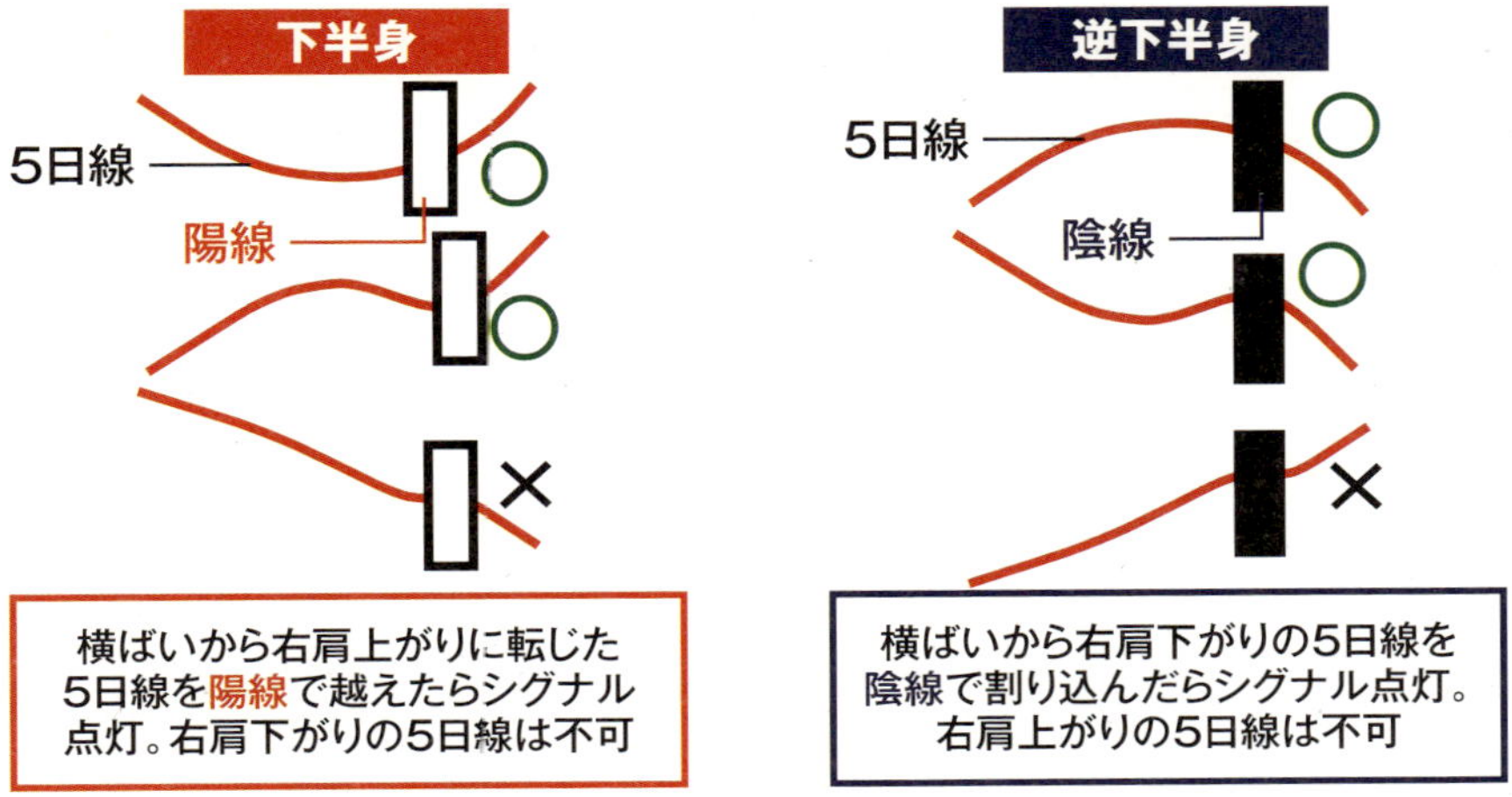
下半身
5日線
陽線
横ばいから右肩上がりに転じた5日線を陽線で越えたらシグナル点灯。右肩下がりの5日線は不可
逆下半身
5日線
陰線
横ばいから右肩下がりの5日線を陰線で割り込んだらシグナル点灯。右肩上がりの5日線は不可

新たな買い手も現れることでしょう。買い手側が大いに勢いづく初動シグナルというわけです。反対に逆下半身は、ここ1週間、カラ売りで勝負してきた売り手側の損益がプラス転換し、売り手が優勢に転換したシグナルになります。**まだ初動段階で旬な動きだからこそ、その後、勢いが数日間持続しやすい、だから利益を出しやすい**のです。

ただし、下半身にせよ逆下半身にせよ、大切なのは5日線をはじめとした移動平均線の向きや並びです。5日線の傾きだけでなく、黒の7日線、草色の10日線も横ばいから上向きに向かっているか？ 20日線は上向きか下向きか？ 20日線は5日線の上にあるのか下にあるのか？ など、移動平均線の状況に注意を払わないと失敗してし

まう確率も高くなります。整理すると、

●下向きの5日線をローソク足が陽線で抜けても下半身ではない

●上向きの5日線をローソク足が陰線で抜けても逆下半身ではない

下半身・逆下半身シグナルでエントリーしたのに失敗してばかり、というあなた！　右肩下がりの5日線をローソク足が陽線で上抜けたからといって、むやみやたらと機械的に買いを入れていませんか？　それは私がいっている下半身ではありません！

さらに**5日線を陰線で上抜けたり、陽線で下抜けても下半身・逆下半身とは呼びません**。ローソク足の色も大切なのです。

このように、成立条件は厳密に覚えたほうがいいですが、初心者の方が素直にそのシグナル発生だけで売買を続けても大きな利益を上げられる点が下半身・逆下半身の大きな魅力です。その絶大な効果は私が保証いたします。

図29は、かなりシンプルかつ基本形となる下半身の具体例です。図のＭｏｎｏｔａＲＯは長期移動平均線の20日線、60日線がとてもきれいな右肩上がりになっています。移動平均線の並びも5日線＞7日線＞10日線＞20日線＞60日線と、短期線のほうが上に来て株価の上昇を真っ先に追いかけ、長期線がその下で、遅れて上昇していきます。

これぞ相場式における**典型的な上昇トレンドの移動平均線の並び「ＰＰＰ（パンパ**

図29 上昇トレンドにおけるシンプルな下半身

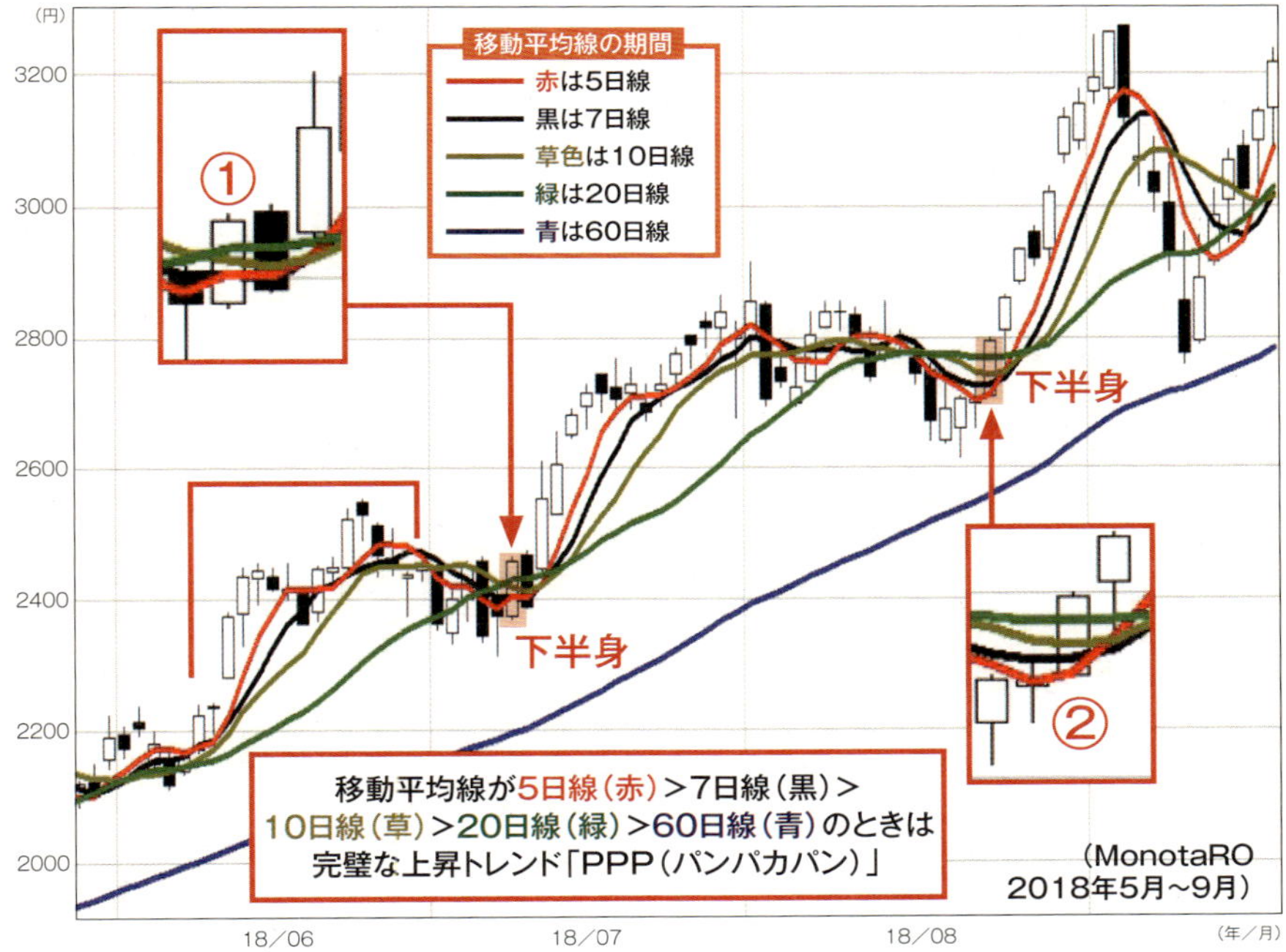

図29 の簡単解説

青の60日線が右肩上がりで、20日線以下の短期線からかなり離れているのは強い上昇が続いている証拠です。こういうときは、5日線が20日線まで下がったところが絶好の押し目買いポイントに。具体的には、ローソク足が20日線を割り込んだあと、反転上昇して5日線に対して下半身シグナル①、②となった陽線で買いを入れます。移動平均線でトレンドの勢いを確認したうえで、下半身シグナルを利用して素早く買えば、どんな初心者の方でも怖いものなしです。

カパン)」です。その過程で、いったんローソク足が下落して5日線を割り込み、5日線もつられて20日線を割り込んだあと、再びローソク足が陽線で5日線を上抜いて上昇する下半身シグナル（図の①、②）が発生しています。

移動平均線の並びがＰＰＰのとき、株価は強い上昇トレンドにあります。そんなときに一時的に下げているところは**「押し目」**と呼ばれます。その押し目からの再上昇を的確に教えてくれるのが図29の下半身なのです。長期の20日線も60日線も一貫して右肩上がりで、これぞ上昇トレンドの見本です。

美しい上昇トレンドでも、株価がいったん下落してしまうことがあります。なぜなら、**買いで儲かった投資家の一部が利益確定に走る**から。それが上昇トレンドの中で必ず起こる「押し目」という一時的な下げです。そのとき、「株価が安くなったから買いたい」という買い手が新たに参入して、再び、株価が上昇に転じる瞬間に出現する下半身シグナルはある意味、最強です。安心して買いを入れることができます。

利益確定はその後、陽線が連続して出たあと、初めて登場した陰線になります。ローソク足が5日線を割り込んだり、5日線、7日線、10日線という短期線の並びが崩れたところまで買いを継続してもかまいません。また、9の法則を利用して売買判断するという手もあります。

図30 下落トレンドにおける逆下半身で売り

反対に、移動平均線が上から順に60日線>20日線>5日線と並ぶ形は、**強い下落トレンド「逆PPP」**になります(図30)。その状況でいったんローソク足が反転上昇して、5日線を飛び越え、20日線、60日線付近まで上昇したものの、「やっぱり強い下落トレンドの流れには逆らえない」と再び下落する瞬間にカラ売りを入れるのが**「戻り売り」**。ローソク足が5日線を陰線で割り込む「逆下半身」が発生していれば、そこは絶好の売りポイントになります。図30

の逆下半身（①、②）がその典型例です。特に②の逆下半身は、20日線、60日線がかなり急角度の下り坂で強い下落トレンドが続く中、ローソク足が5日線を越えて上昇したものの勢いが続かず横ばいで推移。その後、②の大陰線が「はい降参です！」とばかりに、5日線だけでなく、7日、10日、20日線に対して逆下半身シグナルを点灯させました。その後はしっかり急落しています。

移動平均線を株価が上回ったとき、そのときポジションを持っていた買い手は損益がプラスになります。ここで注意したいのは、「だから上昇に弾みがつくわけではない」ということ。下半身が完成したとき、その買い手は既に買い終わっているわけですから、「傍観者、保有者」としての存在になっています。

株価上昇に弾みをつけるのは、あくまでも「新たな買い手」です。移動平均線を株価が上回る＝上昇の勢いが強まってきたことを見て、〝この銘柄いけるんじゃないか〟と、別の投資家がどんどん集まってきている状況なのです。

下半身シグナルを構成する陽線（陰線）が長ければ長いほど勢いがありますから、新たな買い手が必ずやってきます。その数が増えれば増えるほど株価は強烈に上がります。よって、ローソク足の長い下半身・逆下半身は強い上昇シグナルといっていいのですが、期待が高い分、失速の可能性もあることは覚えておきましょう。

図31 上昇トレンド入りを告げる「強い下半身」

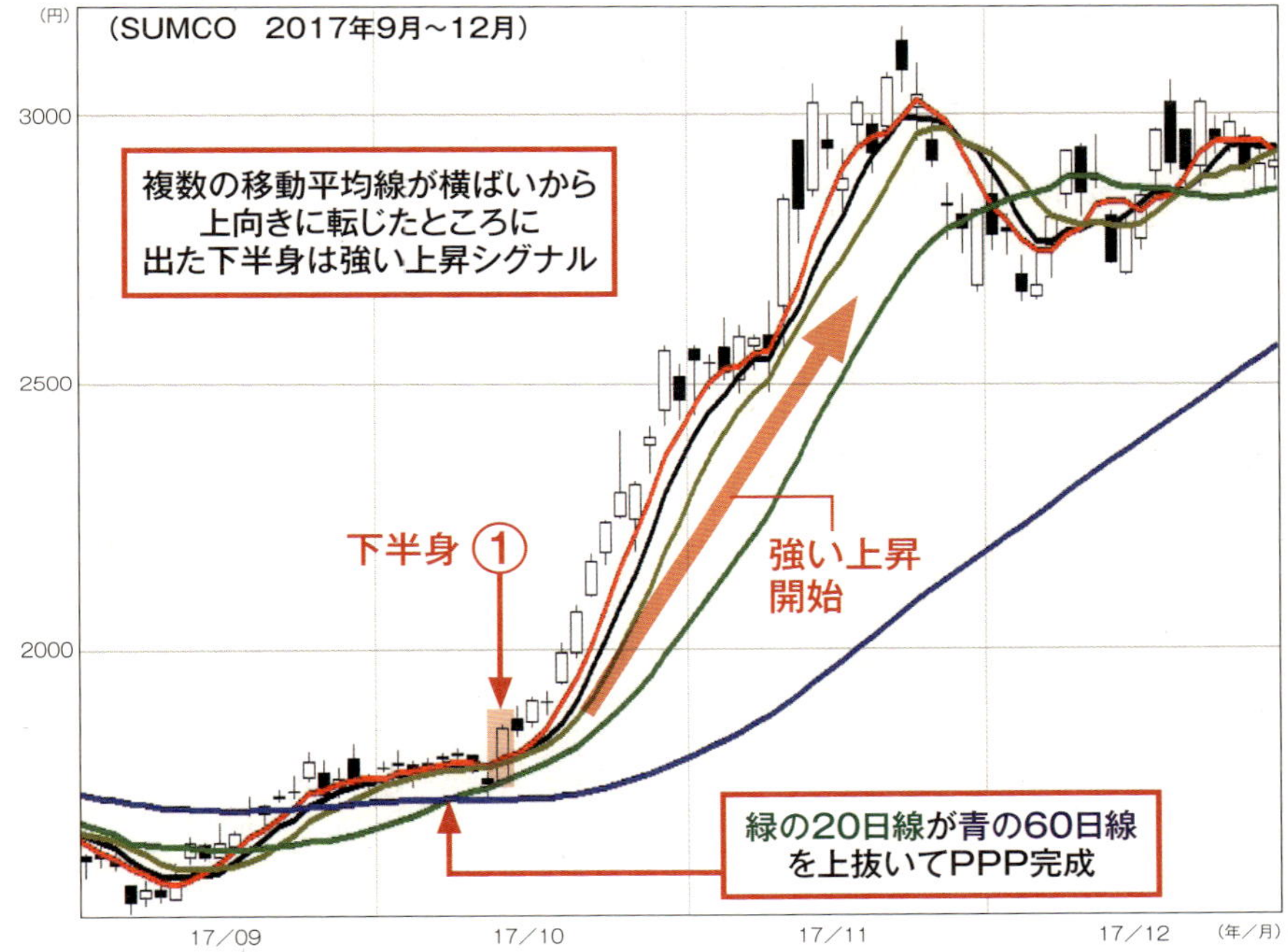
(円)
(SUMCO　2017年9月～12月)
3000
2500
2000
複数の移動平均線が横ばいから
上向きに転じたところに
出た下半身は強い上昇シグナル
下半身①
強い上昇
開始
緑の20日線が青の60日線
を上抜いてPPP完成
17／09
17／10
17／11
17／12
(年／月)

図31 の簡単解説

絵に描いたようなきれいな上昇ですが、そのきっかけは、それまで密集状態だった20日線以下の移動平均線が青の60日線を抜けて5日線＞20日線＞60日線のPPPが完成したこと。「じゃあ、どこで買いを入れようか？」というところに出現したのが下半身①です。それまでの横ばいトレンドの高値を上抜ける大陽線の勢いから見ても、「ここで買わないで、どこで買う」という場面です。その後、2000円の節目をすんなり上抜けたことも、株価の急騰に拍車をかけています。

◆トレンド転換の号砲になる下半身・逆下半身が一番おいしい！

上昇トレンドの押し目買い、下落トレンドの戻り売り以上に「おいしい！」といえるのは、前ページの**図31**のように、横ばい気味の状況から下半身・逆下半身シグナルの出現で、一気に急上昇・急落するケースです。図31では下げ局面からゆるやかな上昇が続き、移動平均線も緑の20日線が青の60日線を上に抜けて、PPPの並びが完成しています。その直後に、これまでのもみ合い高値を突き抜ける大陽線①が出現。5日線のみならず、7日線、10日線も突き抜ける、見事な下半身が出現しています。このケースでもわかるように、下半身①は上昇トレンドの初動段階を的確にとらえたシグナルになりました。株式市場の「風景が変わる」ような、インパクトの強い下半身・逆下半身に早乗りできれば、ホームラン級の利益を上げることができます。

図32は、これまで上昇トレンドで推移してきたイオンの株価が、5日線、20日線のみならず60日線まで下抜けした逆下半身（図の①）の出現でいっきに下落トレンドに突入した例です。株価というのは上げるときはじわじわ、下げるときはドカン、ストンが多いもの。このような急落をカラ売りで獲れることが、株の年間収支の安定、ひいては豊かな老後生活にもつながります。図32のような、複数の移動平均線をまたぐ

図32 強い下落トレンドにつながった逆下半身

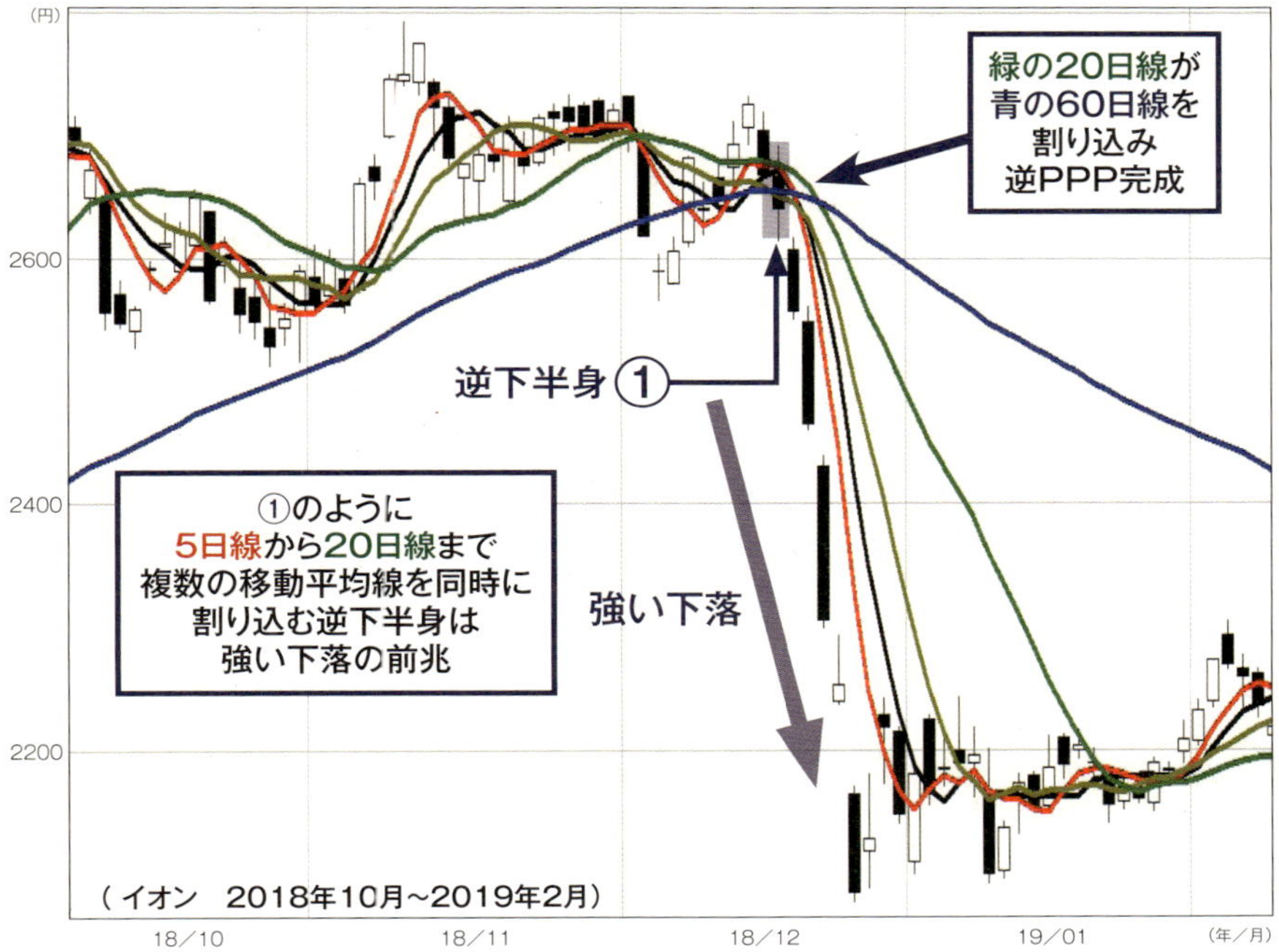
(円)
2600
2400
2200
緑の20日線が
青の60日線を
割り込み
逆PPP完成
逆下半身①
①のように
5日線から20日線まで
複数の移動平均線を同時に
割り込む逆下半身は
強い下落の前兆
強い下落
(イオン 2018年10月~2019年2月)
18/10
18/11
18/12
19/01
(年/月)

図32 の簡単解説

株価が横ばいに転じ、赤の5日線が1度、緑の20日線、青の60日線を割り込んだら「下落トレンドへ転換か」と準備しましょう。逆下半身①が出現する直前には5日線から60日線までが狭い範囲に密集。「移動平均線が密集したあとには上か下かどちらかに大きく振れやすい」という定理が頭に入っていれば、5日線から60日線まで突き抜けた①の陰線は「とにかく売り」が正解。その後、9の法則を超える10本目で長いヒゲのある陽線が出て、急落が止まっています。

ような強い逆下半身出現からの株価急落はそんなに頻繁には起こりませんが、年に2～3度は起こるもの。そのチャンスを見逃さないことが、株で数千万円や1億円稼ぐという夢の達成には必要です。

これまで下半身または逆下半身で買ったはいいけど、失敗したりして、「もう、こりごり」なんて思われている人はいないでしょうか？ それはやり方が間違っていただけ。シグナル発生の条件を正しく頭に入れておけば、下半身・逆下半身ほど簡単に、手っ取り早く、しかも大きく稼げるシグナルはありません。成功の**キーワードは「PPP」「ローソク足の色」「複数の移動平均線抜き去り」**です。

ちなみに、1本のローソク足が同時に5日線から20日線、さらには60日線まで抜き去るためには、そのローソク足が異常に長い大陽線・大陰線か、もしくは、5日線から60日線までがかなり狭い範囲に密集している必要があります。図32の例は後者ですね。移動平均線が密集しているのは、5日間の株価の平均値も20日、60日間の平均値もほぼ同じ価格帯に集中しているということ。つまり、株価の横ばいが続き、値動きが乏しくなって、買い手と売り手の勢力が拮抗している状態です。

そんなトレンドレスな状況から力強い下半身・逆下半身が出現すると、膠着《こうちゃく》相場でうたた寝状態だった投資家の目が一気に覚め、シグナルが出た方向に株価が急変動

図33 上昇トレンドの再加速を知らせる下半身

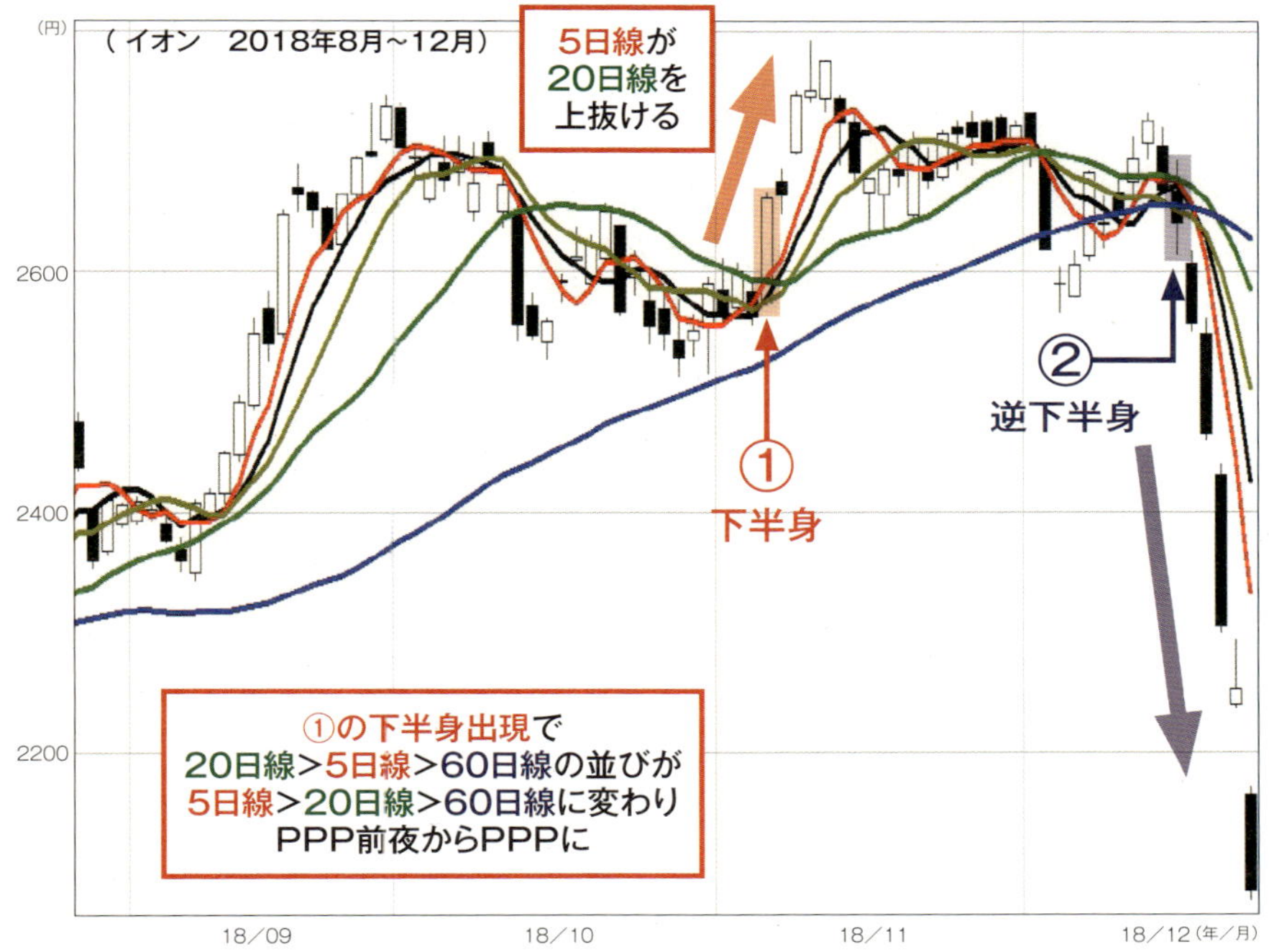

することが多いのです。**複数の移動平均線を突き抜ける強い下半身・逆下半身が出る直前は、逆に「相場が煮詰まっていて、上がるか下がるか迷っているケースが多い」**ことも覚えておきましょう。

ここで、少しイレギュラーなパターンも紹介しましょう。**図33**を見てください。

ＰＰＰというのは、移動平均線が5日線＞20日線＞60日線と短い期間から順に並ぶと完成して、強い上昇トレンドを示します。しかし、その前には、必ず、20日線＞5日線

＞60日線とか、5日線＞60日線＞20日線とか、移動平均線の並びがPPPに移る前の並びがあるはずです。相場式ではこれを**「PPP前夜」**と呼びます。PPP前夜の状態になったところで買いを入れて、本当に、PPPという夜明けが来たら、それはもう、素晴らしい投資結果につながります。

その様子がわかるのが前ページ図33なのです。上昇トレンドが崩れて移動平均線の並びが20日線＞5日線＞60日線になり、このまま下げが続いて5日線が60日線まで下回ってしまうと、下落トレンドへの転換も考えられるケースでした。しかし①の大陽線が5日線、その上にある20日線を同時に突き抜ける強い下半身シグナルとなって、上昇トレンドが復活しています。また大陽線①の出現で、青の60日線に接近していた赤の5日線、緑の20日線が再び60日線から離れて上昇に転じました。これは「ものわかれ」（第6章参照）というトレンド再加速のシグナルです。大陽線①はPPP前夜から順当にPPPへと向かうときに出た下半身です。

図33の場合、①の大陽線のかわりに、同じぐらい大きな陰線が出て、ローソク足が5日線のみならず、60日線まで下回ると、下落トレンド入り……という展開も考えられました。とにかく、上か下かに大きく動きそうな局面だったのです。実際、図の最終場面では5日線から60日線までを同時に下回る陰線②が出て、下落しています。

図34 「下半身プラスα」でより強いシグナルに

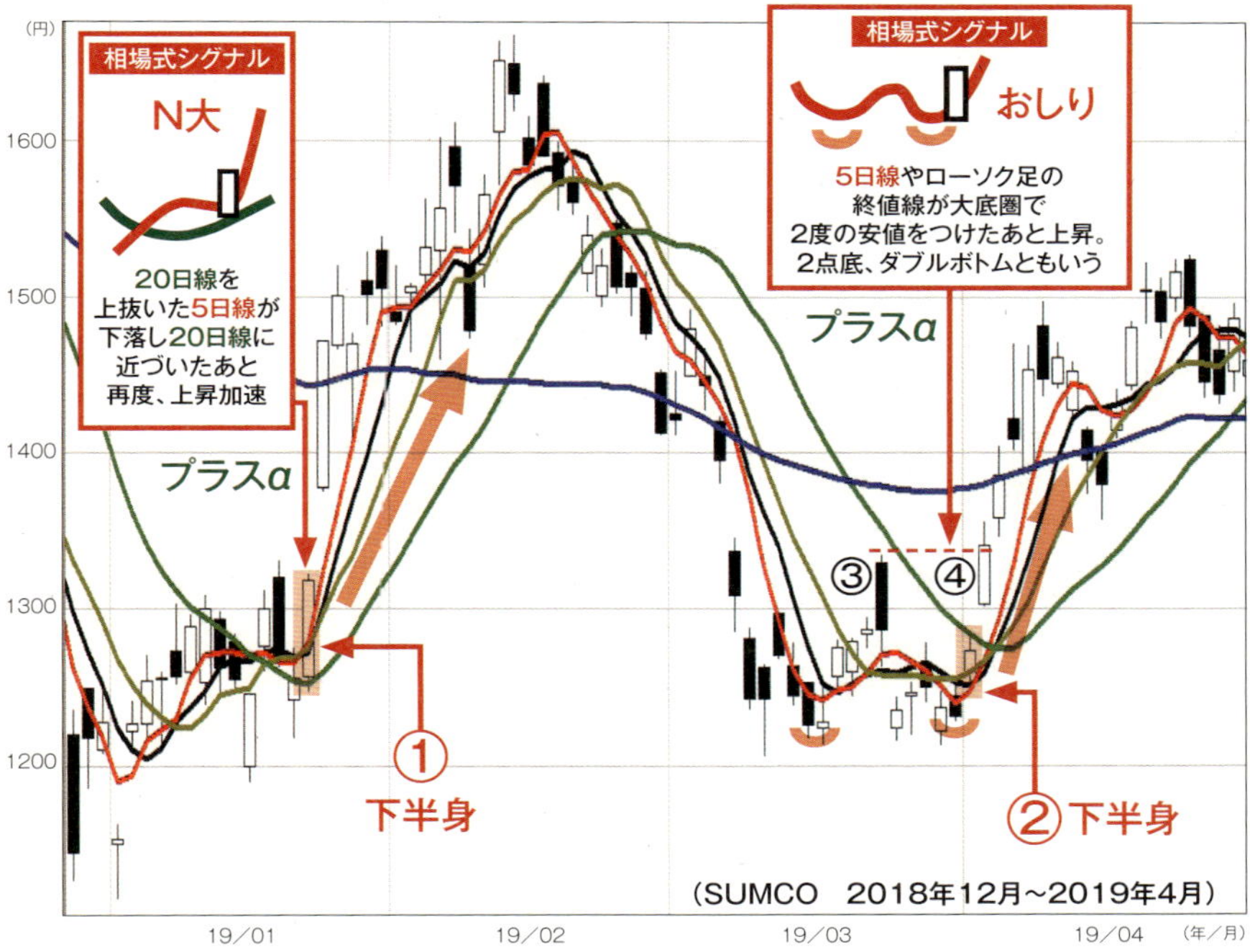

(円)
1600
1500
1400
1300
1200
相場式シグナル
N大
20日線を
上抜いた5日線が
下落し20日線に
近づいたあと
再度、上昇加速
プラスα
相場式シグナル
おしり
5日線やローソク足の
終値線が大底圏で
2度の安値をつけたあと上昇。
2点底、ダブルボトムともいう
プラスα
③
④
①
下半身
②下半身
(SUMCO 2018年12月~2019年4月)
19/01
19/02
19/03
19/04
(年/月)

図34 の簡単解説

下半身・逆下半身はトレンドが継続する押し目や戻りの場面にも頻繁に登場しますが、相場の転換点にも登場して、決定的な買い時や売り時を教えてくれます。トレンド転換のポイントを教えてくれる相場式シグナルは図のN大やおしりの他にも、直近高値や安値の突破、くちばし、エグザイル、トライ届かずなど多数あります。そういったシグナルが下半身・逆下半身をともなって出現する複合形なら安心してエントリーできますし、シグナルの精度も格段に高くなります。

「移動平均線の並びが示すトレンドの方向性に忠実であれ！」というのが下半身・逆下半身を使いこなすための「掟」のようなものですが、当然、これまでの著書でも紹介した数々の相場式シグナルが下半身や逆下半身と同時に出現している場合は、「プラスα」効果でさらに高精度なシグナルになります。

前ページ**図34**の①のローソク足は5日線を上抜ける下半身ですが、同時に下落トレンドから上昇トレンドへ転換する際によく出現する「N大《にちだい》」（第7章参照）を完成させる形になっています。N大シグナル完成&下半身出現というプラスα効果もあって、その後、株価は勢いよく反転上昇に転じています。続く②の下半身は、「おしり」といって、ローソク足の終値線や5日移動平均線が「W」のような形になる、いわば2点底（ダブルボトム）シグナルとの複合タイプになっています。

2点底の場合、途中でつけた高値③を抜けると株価が大底を打って上昇に転じるシグナル完成になります。②の下半身で勢いのついたローソク足は次の陽線④で見事に高値③を上抜けました。おしりに加え下半身、さらに2点底と、上昇シグナルが3つも揃いましたので、向かうところ敵なしですね。株価はその後も順調に上昇を続けています。

このように、下半身・逆下半身シグナルの鉄則は**「迷ったときは、他にも別のシグ**

ナルが出ていないかを探せ！」です。

ただ漫然と株価チャートを見ているだけでは、たとえ明確に相場式シグナルが出ていても、なかなか気づかないもの。シグナル発生の条件を覚えることも大切ですが、覚えたシグナルが実際に株価チャート上に登場したとき、「あっ、あれだ！　相場師朗がこの前いっていた（書いていた）、あのシグナルだ！」とすぐにピーンとくるようになることが大切です。

そのためにはやはり、5000年分、1万年分と、しっかり過去のチャートを見て、「ここが『おしり』だったから、この下半身は急上昇につながったのかっ！」とか、「N大は大相場につながるというけれども、その号砲になるのが同時に点灯した、この下半身だったんだな！」といったことを自分で発見できないといけません。

◆受験勉強同様に答えを先に見る意識が大切

よく、受験勉強は問題を解く前に答えを見て、出題者の意図や正解パターンを把握することが学力向上、成績アップの秘訣といわれます。

株式投資には受験勉強のような「100％の正解」はありませんが、過去に出た問題の答えといえるのが株価チャートです。だからこそ、繰り返しチャートを見る必要があるのです。そこに、自分が覚えたばかりの相場式シグナルが出てこないか、独力で発見していくしかありません。

株式投資も受験勉強同様に「勉強の仕方」が大切だということをお話ししましたが、なにかと不安や疑心暗鬼に陥りかねない実戦の株取引ではシグナルが複数揃っていて、頼りになる株の売買シグナルを発見できることがポイントになります。それこそが日々の売買の不安をやわらげ、「ここだ！」という勝負所でしっかり利益を上げるための原動力になります。逆にいうなら、相場式シグナルが2つ以上も揃ったら怖いものなしです！

トレンドに忠実な下半身・逆下半身に加えたプラスαのシグナルとしては、PPPの状況から、いったん5日線が20日線に近づいたものの、再び〝さよなら〟といって離れていく「ものわかれ」（第6章参照）との複合シグナルがよく見られます。

「ものわかれが起きるときのローソク足は下半身・逆下半身になりやすい」

という法則も覚えておきましょう。

図35ではチャート左でシンプルな下半身①が出て、勢いよく上昇。しかし、その後、下げ基調が続いて、株価が一時60日線にぶつかったり、下回ったりするなど、上昇の勢いが鈍っています。

図35 下半身プラスα×2で上昇が再加速した例

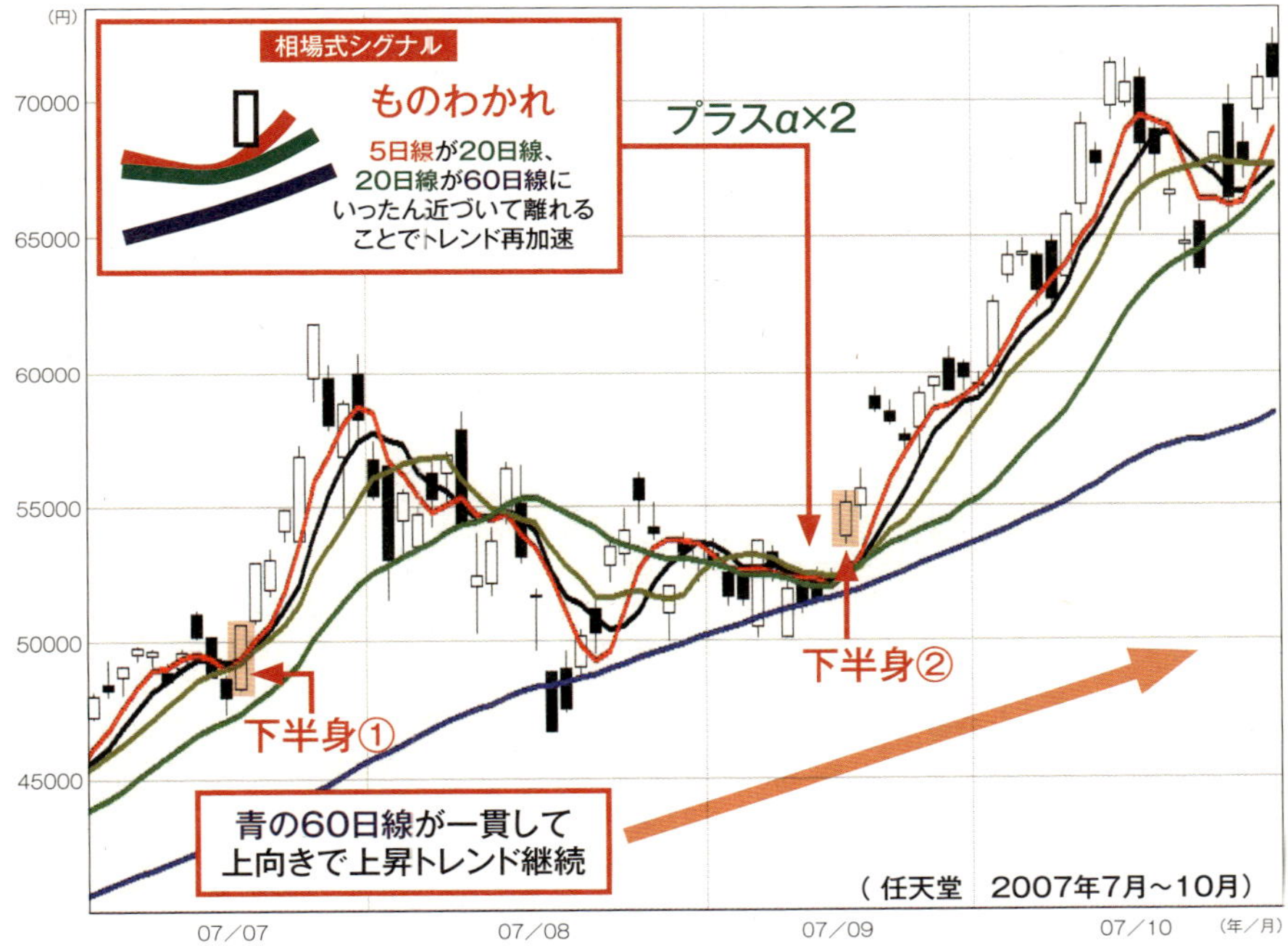

そのとき、ローソク足がぴょんと5日線、さらには20日線の上に飛び出す陽線が出現し、下半身②が完成しました。

この下半身発生で5日線、20日線はともに上を向き、5日線は20日線に接するか接しないか、ぎりぎりのところまで近づいたあと、再び離れて上昇。60日線に近づいていた20日線も60日線からすっと離れるように上向きに転じています。この長短移動平均線がいったん近づいてから離れる動きが「ものわかれ」です。

しかも、20日線に対する5

日線のものわかれ、60日線に対する20日線のものわかれがダブルで発生しています。同時に陽線が5日線だけでなく20日線に対しても下半身になっているわけですから、「プラスα」効果が重なり、強力な上昇シグナルになりました。

下半身・逆下半身は、ローソク足と移動平均線だけを見ていれば誰でも発見できる、本当にシンプルなシグナルです。でもシンプルだからといって馬鹿にしていると、足元をすくわれます。まずは移動平均線の並び（ＰＰＰかそうでないか、など）や傾きに注目して、今が上昇トレンドか下落トレンドか横ばいトレンドかを判断する練習をしてください。

上昇トレンドのときは下半身だけを狙う。上昇トレンドにおける逆下半身はあくまで利益確定シグナルと考え、初心者のうちは逆張りの売りで勝負しない。下落トレンドのときは逆下半身の売りだけを狙う。

さらに、下半身・逆下半身シグナルが発生したときは「5日線を大きく飛び越えるか／割り込んでいるか、いないか」「複数の移動平均線を突き抜けているか、いないか」「他のシグナルと重なっているかどうか」にも注目してください。

こういった「傾向と対策」を頭に叩き込むことが下半身・逆下半身を使いこなすための鉄則です。ぜひマスターしてくださいね！

第5章

相場オリジナル②

くちばし

◆くちばしでトレンド転換&加速を察知する!

株価は上下動を繰り返します。でも、全体を俯瞰してみると、上昇が続いていたり下落し続けていたりする局面があります。値動き全体を見たときの株価の方向性は「トレンド」といいますが、株式投資ではトレンドに沿った取引、すなわち**上昇トレンドなら買い主体、下落トレンドなら売り主体**の取引を行うことが大切です。

「では、トレンドが変わってしまったらどうするの?」というみなさんに覚えてほしいシグナルが**相場式のオリジナルシグナル「くちばし」**です。

トレンド転換を示す移動平均線のシグナルとしては、ゴールデンクロスまたはデッドクロスが有名です。下落を続けていた株価が上昇に転じ、それまで長期移動平均線の下にあった短期線が株価につられて上向きになったあと、長期線を下から上に突き抜けるのがゴールデンクロス。逆に短期線が長期線を上から下に抜けるのがデッドクロスと呼ばれています。

しかし、この「ゴールデンクロスで買い」は、トレンド転換したと思って買ったら、株価はすでに下げ始めていて失敗するケースも多いのです。たとえ成功したとしても、ゴールデンクロス発生時点で株価がかなり上昇してしまっていて、儲けられる値幅が

図36 トレンド転換・加速「くちばし」

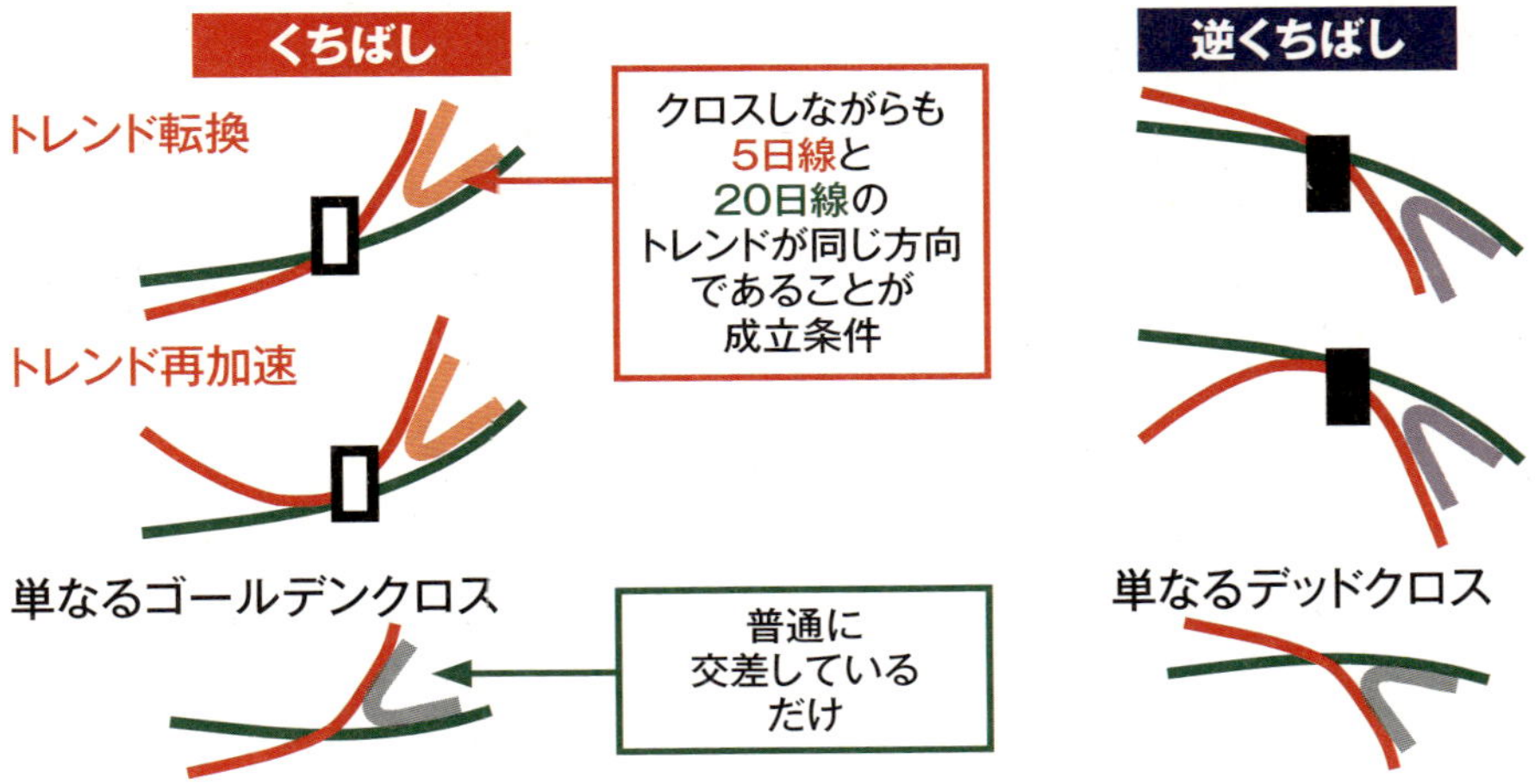

少ないのも残念。それは〝デッドクロスで売り〟も同様です。

「ゴールデンクロスのような、世の中に広く普及して、初心者が最初に覚えるシグナルの反応がこんなに遅く、精度も低いようではダメだ！」と危機感を抱いた私が編み出したのがトレンド転換・加速シグナル、くちばしです。

赤の5日線と緑の20日線が尖った鳥の嘴（くちばし）の形になってクロスしたら、それこそが、精度の高いトレンド転換や加速のシグナルになります（**図36**）。

ゴールデンクロスの場合、横ばいに近い長期線を、ほぼ横ばいに近い短期線がクロスしても「買い」と見なしますが、そもそも移動平均線が横ばいということは上昇の勢いが弱いということ。横ばいに近い移動平均線同士のクロスでは、トレンド転換に必要な株価の勢いが不足しています。だからこそ、短期線と長期線が両者ともに上昇（下落）のトレンドを維持した状態で、短期線が鋭く長期線を越えていく「**威勢のいいパターン**」だけを厳選してほしいのです。とんがった形をすぐ思い出せるように「くちばし」と命名しました。

チャート上に赤の5日線だけでなく、黒の7日線、草色の10日線という短期線も表示することで、5日線と20日線のクロスだけでなく、より期間の短い5日線と10日線、5日線と7日線、7日線と10日線がくちばし型でクロスする様子もサブシグナルとして通用します。まずは王道のトレンド転換パターンを見てみましょう。

図37の任天堂の株価はパッと見ても「下落↓横ばい↓上昇」という「コ」の字を倒したような動きをしながら、下落トレンドから上昇トレンドへと転換しています。

相場式株式投資では、**下落局面をA局面、横ばいをB局面、上昇をC局面**と呼んでいますが、株価の値動きは下落したあと、すぐに上昇に転じるのではなく、いったん底ばいのB局面で推移します。そのあと、じわじわ上がって、ついに上昇トレンド＝C局面に入ることが非常に多いのです。図37のくちばしは、A局面からB局面入りした株価が、くちばしシグナルをともなって、華々しく上昇C局面入りした場面になり

図37　くちばしが王道のトレンド転換につながる例

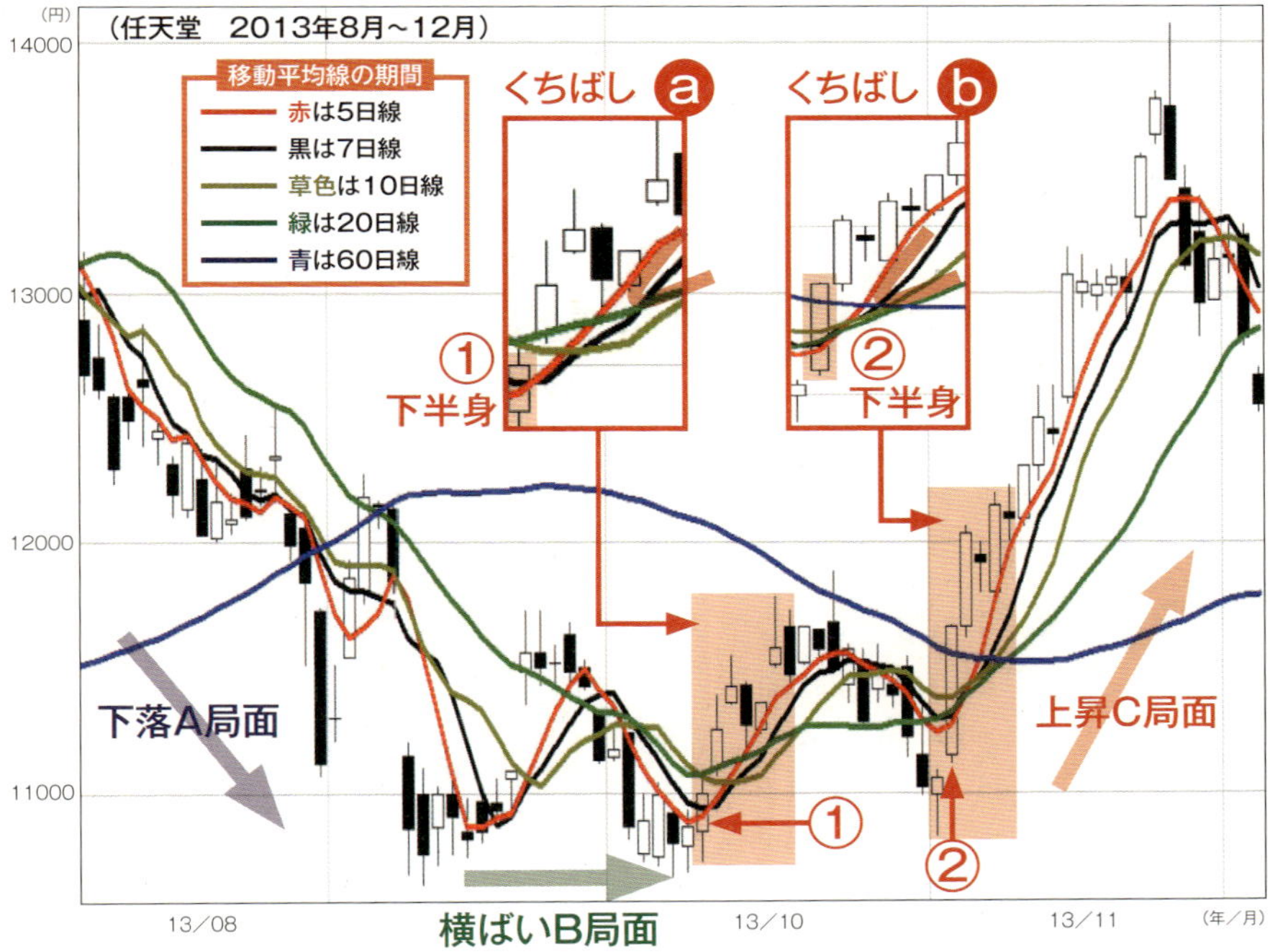

図37 の簡単解説

株価が横ばいに転じたあとで最初のくちばしａが完成。くちばし前夜には下半身①が出現しました。さらに、横ばいから上昇に転換する場面で、５日線と20日線が青の60日線を突破しながら、しかも鋭角でクロスする非常に力強いくちばしｂが完成しています。その直前の下半身②は、５日線から60日線までを突き抜ける大陽線。ここは「このあと、くちばしが完成する」と確信を持って買いたい場面です。くちばしｂの力強いトレンド転換の形を目に焼きつけてください。

ます。図の中で特に注目したいのが、くちばしa、bが完成する前にローソク足①や②が5日線を下から上に突き抜ける下半身の状態になっていること。特にくちばしbが完成する前の下半身②は、5日線から60日線までを一気に突き抜ける大陽線になっています。

●くちばしが完成する前にはかなりの確率で下半身が発生している。これが「くちばし前夜」

という相場の公式は覚えておいて損はありません。特に図37のくちばしbは、大陽線②の上昇によって、横ばいで推移していた20日線も上向きに転じ、その20日線を5日線がさらに急激な上昇角度で追い抜くことで完成しています。両者の角度が鋭ければ鋭いほど、「株価の勢いはものすごく強い！」と判断できるのです。

下落トレンドへの転換を示す「逆くちばし」の典型例も見ておきましょう。**図38**のSUMCOの株価は左側の上昇C局面から、短期間の横ばいB局面を経て、典型的な逆くちばしが完成し、下落トレンド入りしています。

ⓐの形が逆くちばしに見えるのですが、この時点では、まだ青の60日線の上で推移していました。その後、60日線を割り込んだ株価は、右肩上がりの60日線にしがみつくような形で反転上昇したあと、緑の20日線にぶつかって下落。このとき、5日線だ

図38 下落トレンドへの転換シグナル・逆くちばし

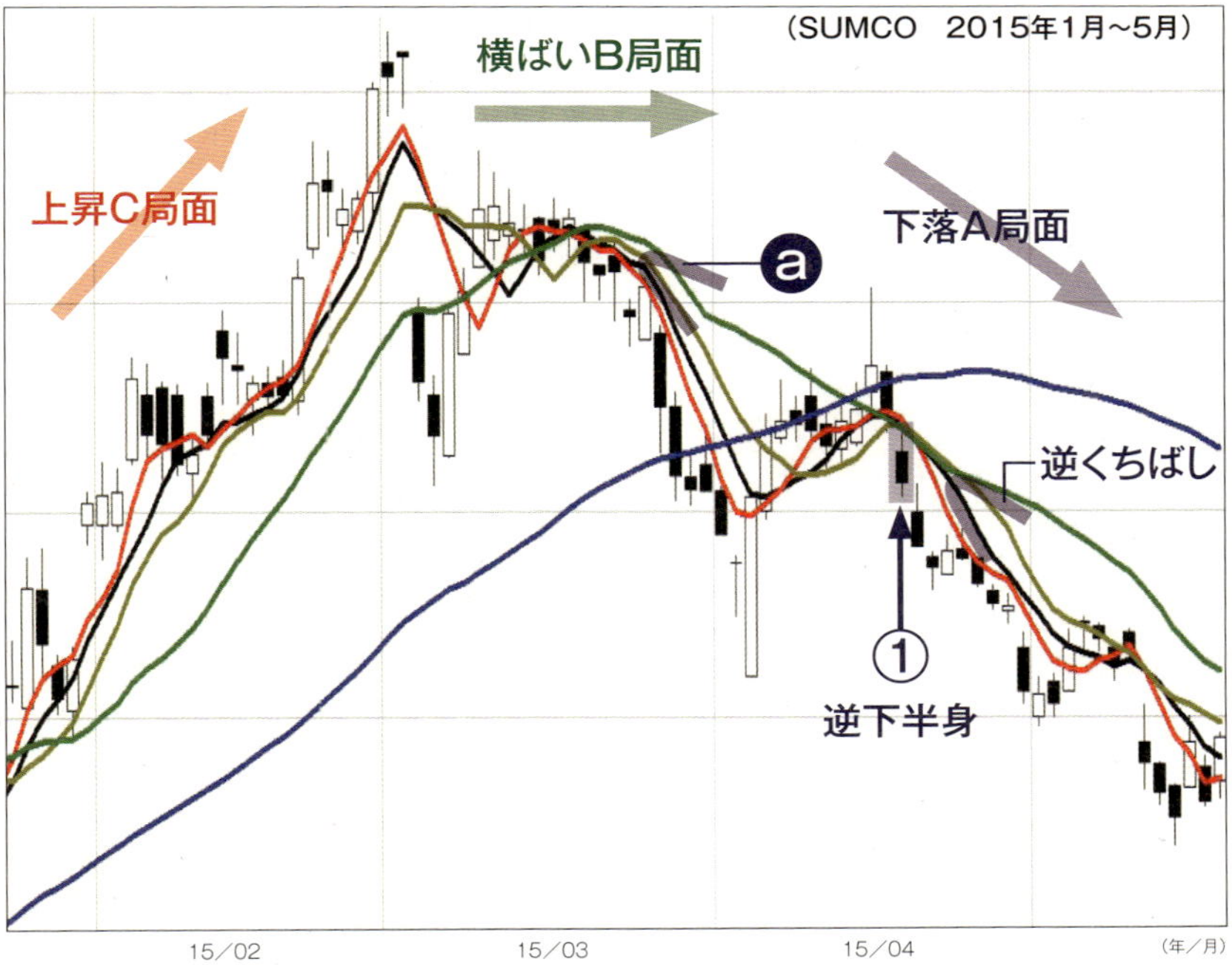

図38 の簡単解説

20日線が青の60日線を下回ったあとに発生した逆くちばしは角度も鋭く、直前には逆下半身①も出現。本格的な下落トレンド入りを強く予感させてくれます。このときの5日線の動きを見ると、60日線を割り込んだあと、いったん60日線に近づいてからまた離れる動きをしています。これは第7章で解説する逆N大というトレンド転換シグナル。20日線に対して逆くちばし、60日線に対して逆N大とシグナルが重なったことで、下落の勢いが強くなることを示した好例です。

けでなく20日線もすでに右肩下がりであることに注目してください。

この傾きこそが、逆くちばし完成の前提条件になります。ここでも「逆くちばし前夜」のシグナルとして、5日線を陰線で割り込む逆下半身①が出現していて、**「逆下半身でカラ売り」→「逆くちばし完成でさらに追加売り（もしくは売り継続）」という売買戦略が有効**になります。

◆移動平均線のほうが反応が遅いからこそ予想しやすい

移動平均線は複数の終値の平均値ですから、ローソク足に比べるとどうしても動きが鈍くなります。多くの人はこの「反応の遅さ」を欠点だといいます。でも、相場師朗の考え方は違います。移動平均線はローソク足そのものよりも反応が鈍いので、いったん右肩下がりになると、直近のローソク足が少しぐらい反対方向（上）に動いても、全体のトレンドとしては右肩下がりが続きます。

つまり、その日暮らしの気まぐれローソク足に比べて、ある程度、この先、どのように推移していくかを予測しやすいのです。

この性質を使えば、くちばし前夜の逆下半身で株価が下落したとき、「このあとは20日線の上にある5日線も株価につられて、ガクッと下がるはず。ということは、逆

図39 くちばしが上昇トレンド再加速につながる例

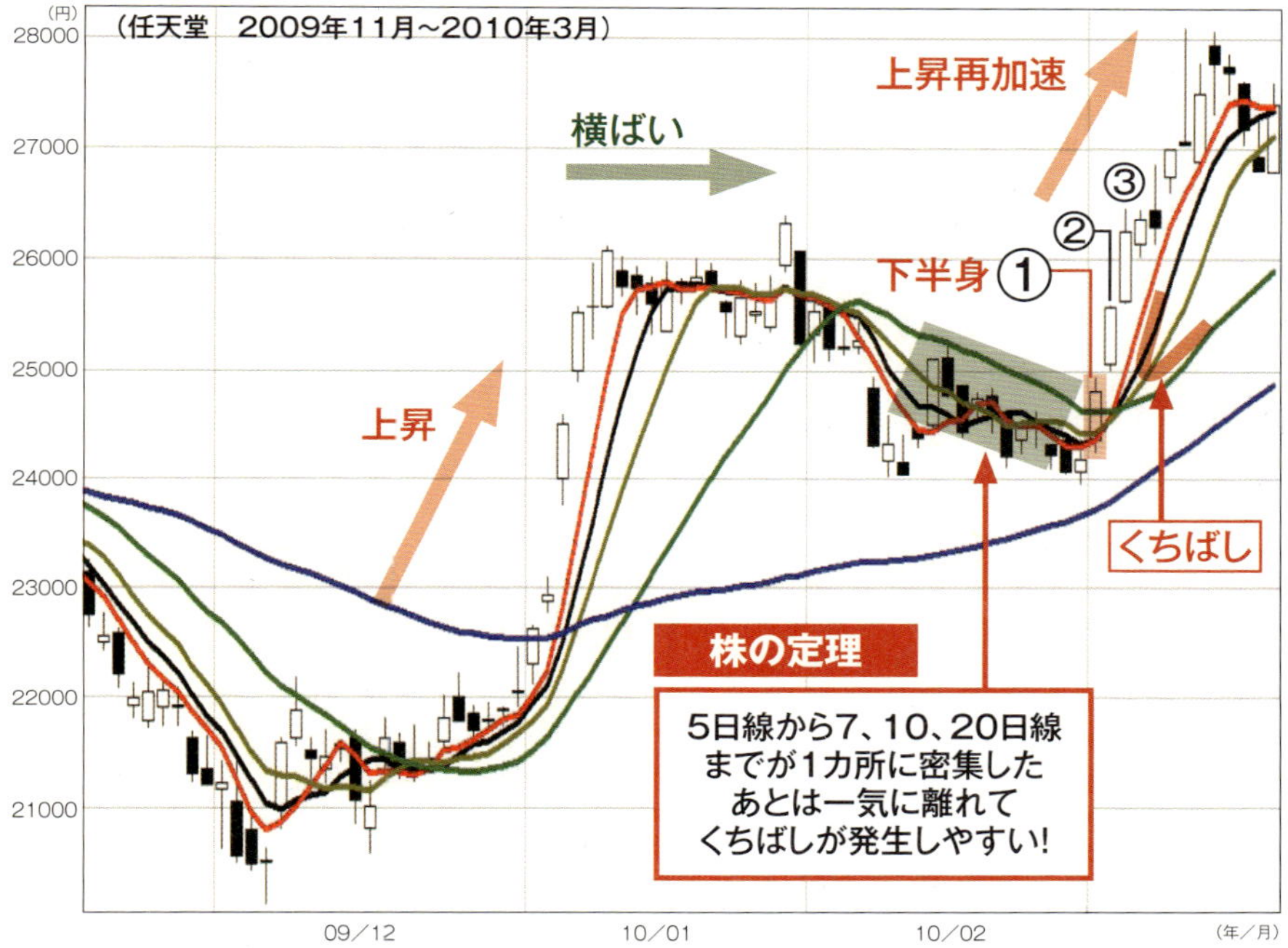

くちばしが完成するな。これは売りだ、売りだ！」と先読みして、カラ売りを入れられるというわけ。実際、その通りに下落が続いて逆くちばしが完成すれば、すでにカラ売りを入れているので、あとは見ているだけでOKです。

図39の任天堂は、定番の上昇→横ばい→下落ではなく、上昇が一服して横ばいで推移したあと、再び上昇が勢いづくときに出現するくちばしの〝過去問〟です。

移動平均線の公式として覚えておいてほしいのは、

●短期から長期まで期間の違う移動平均線が1カ所に集中して、もつれた状態のあとは、上か下かのどちらかに大きく動くことが多い

というもの。図39は画面左で大きく急騰した株価がいったん、やや右肩下がりの横ばいで推移したあと、急激に上昇する値動きになっています。急騰前の移動平均線を見ると、赤の5日線から緑の20日線までが狭い範囲に寄せ集まっています。どの移動平均線もやや右肩下がりで推移して、「下げるのか？」と思いきや、急激な上昇に転じました。その急騰が始まったのは5日線のみならず20日線も一気に越える下半身①が登場してからです。

この①の陽線がくちばし前夜となって、その後の陽線②、③が誕生し、くちばしが完成しています。20日線がやや横ばい気味ですが、こういうときは赤の5日線と黒の7日線、草色の10日線がより短期的なくちばしを形成しながら順番に上昇していることで、上昇の勢いの強さを推し量ることができます。

逆の「下げ↓横ばい↓下げ」パターンも見てみましょう。**図40**のイオンは、かなり大きな下落トレンドが続いたあと、底打ち反転しました。しかし、右肩下がりの60日線が上昇を阻む抵抗帯となりながら横ばい相場に移行。そのあと、①の逆下半身が出現しました。この時点で、移動平均線は5日線から20日線までがほぼ一直線に重なり

図40 下落トレンドへの転換シグナル・逆くちばし

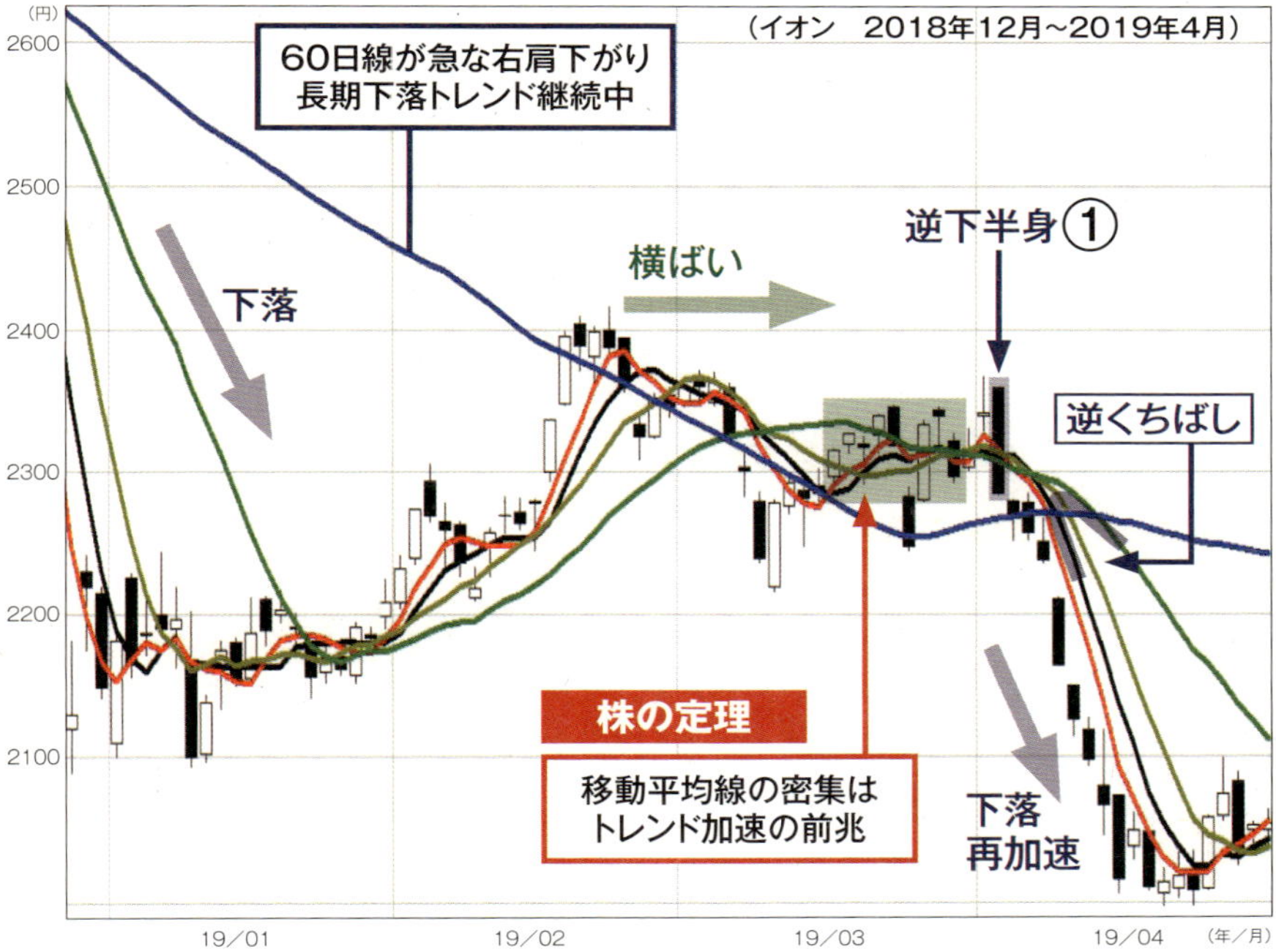

合うほど密集しています。先ほどの「移動平均線の密集後は大きく動く」という法則が頭に入っていると、①の逆下半身ですかさず売りを入れ、その後の陰線連発で利益を得ることができました。

下落の過程では、すでに緑の20日線から赤の5日線までの移動平均線がすべて下を向いており、5日線と20日線が鋭利な逆くちばしの形でクロスしています。そこから先は「見ているだけ」。陰線連発の下落トレンドを初動段階からモノにできました。

話が脇道にそれますが、図40の急落局面における陰線の連発は、逆下半身となった大陰線①から数えて9本目で終わり、10本目に陽線が登場しています。その後もまた陰線が出て、少し下げてはいるものの、第3章で見た9の法則がほぼピタリと当てはまっています。3章で解説した9の法則は本当に優秀な値動きサイクルの道しるべとして大活躍するので、ローソク足を「1、2、3……」と数える習慣も絶対に忘れないでくださいね。

◆くちばしは押し目買い・戻り売りにも使える！

5日線と20日線のクロスはなにもトレンド転換のときしか起こらないわけではありません。上昇トレンドが続いていた株価が下落し、それにつられるように5日線がいったん20日線を下回ったあと、再び急角度で上昇に転じて、20日線を下から上に突き抜けるときにも発生します（**図41**）。こちらはトレンド転換というよりも、従来のトレンドが一時的に失速したあと、再び加速する**「押し目や戻り後」に出現するくちばし**になります。

第6章で紹介するものわかれと似たパターンともいえますが、このタイプのくちばしシグナルを活用すれば、トレンドの小休止→再加速に早乗りすることができます。

図41 くちばしが上昇トレンド再加速につながる例

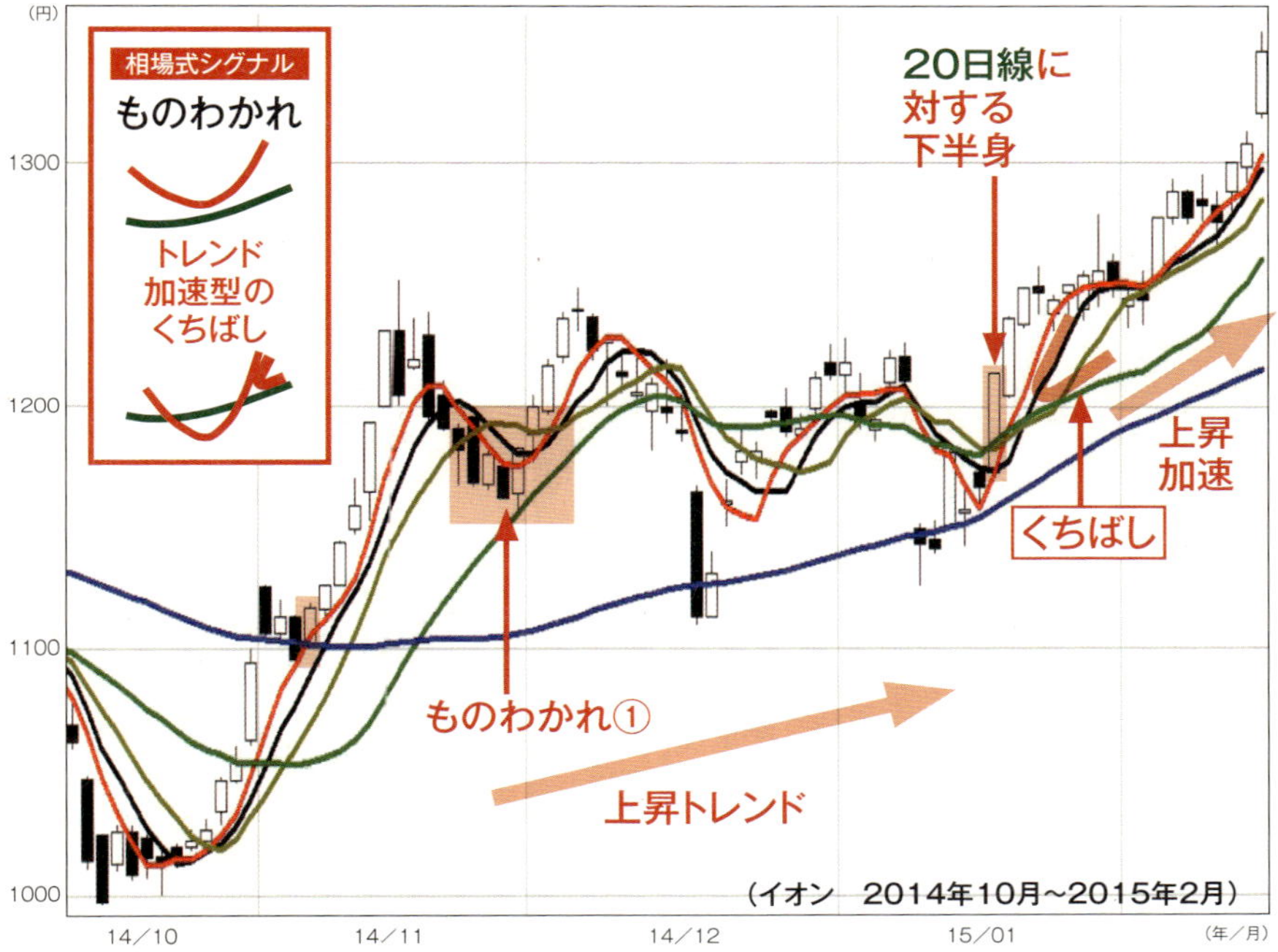

図41 の簡単解説

図には上昇トレンド継続中に株価がいったん下落する押し目が何度も出現しています。画面左では、赤の5日線が緑の20日線に近づいたあとに離れる「ものわかれ①」(第6章参照)が発生していますね。そのあと、画面右で5日線が20日線に近づくだけでなく、いったん20日線を割り込んだあと、再上昇に転じたところでトレンド再加速型のくちばしが完成。その前夜には、20日線に対して下半身となる大陽線が出現しており、絶好の押し目買いポイントに。

押し目買いや戻り売りのポイントを素早く教えてくれる、利益率の高いシグナルといえるでしょう。

なぜなら、上昇トレンドは継続中なので20日線はいまだ上向き。その20日線以上の急角度で5日線が跳ね上がったときにトレンド加速型のくちばしは完成することになるので、上昇の勢いは相当強いといえるからです。

トレンド加速パターンのくちばしでも、その前夜にはたいてい陽線が登場して下半身シグナルが点灯します。くちばしが発生する直前には当然、5日線と20日線がクロスするほど近づいていないといけませんから、その下半身は赤の5日線だけでなく緑の20日線もきれいに上抜けるような力強い長さになるケースも多発します。

●5日線だけでなく複数の移動平均線を同時に突き抜ける下半身・逆下半身は強い

という法則通りの展開が期待しやすいのです。

◆くちばし前夜の逆下半身で売る

図42は下落トレンドが加速する際に出る逆くちばしの例です。青の60日線がゆるやかな右肩下がり、緑の20日線が下がり気味の横ばいから右肩下がりになっていることから、下落トレンドが継続していましたが、図のAのゾーンでいったんローソク足が

図42 逆くちばしが下落トレンド加速につながる例

(円)
相場式シグナル
下落トレンド
A
逆くちばし
下落
加速
下落トレンド継続中の
移動平均線は60日線＞20日線＞5日線
の逆PPP。それが60日線＞5日線＞20日線
に崩れたあと、再び逆PPPに
戻る流れで逆くちばしが発生する
逆下半身①
(MonotaRO 2017年6月～10月)
1900
1800
1700
1600
1500
17/07
17/08
17/09
(年/月)

図42 の簡単解説

下落が加速していますが、図のＡのゾーンで１度、上昇に転じます。しかし、Ａのゾーンでも右肩下がりの60日線が上昇を阻む抵抗帯になっています。60日線を抜けられないところで売りの準備をして、逆下半身①でカラ売り。その後、５日線と20日線の逆くちばし完成で売りを継続して、９の法則で利益確定ポイントを探すのが、教科書通りの売買戦略です。逆ＰＰＰが崩れても、いったん横ばいに転じない限り、なかなかすぐに株価は上昇転換しないものです。

20日線を飛び越えました。そのあと60日線付近まで上昇を試みたものの失速。ローソク足につられて、20日線を上抜けした5日線が、逆下半身になった大陰線①とともに急降下していきます。そして、右肩下がりの20日線とクロスして、きれいな鋭角の逆くちばしが完成していました。

下落トレンド継続中は、図42でもわかるように、移動平均線が上から60日線∨20日線∨5日線の順で並ぶ逆PPPのときが多いですが、逆くちばし前にはその並びが60日線∨5日線∨20日線に変化しています。そこから再び、60日線∨20日線∨5日線の逆PPPに戻る瞬間は下落トレンドが再加速する明確なシグナルとなり、ほぼ必ず逆くちばしが発生しているはずです。その流れをあらかじめ頭に入れておくと、くちばし前夜の逆下半身で迷わず売りを入れることができます！

5日線と20日線が織りなすくちばしまたは逆くちばしの角度が開けば開くほど、その下のローソク足は勢いが増しているわけですから、利益がどんどん積み上がっていきます。買いポジションを持っているときにローソク足が5日線の上をすごい勢いで上昇していったり、売りポジションを持ったまま株価が5日線の下をどんどん下落しているのを「見ているだけ」のときほど、幸せな瞬間はありません。まさに、投資家冥利に尽きる期間といえるでしょう。

第6章 ものわかれ

相場オリジナル③

◆ものわかれでトレンド加速を利益に変える！

強い上昇トレンドが続いているときは、ローソク足＞短期線＞長期線というPPPの並びになります。多少、株価が下がっても、一番期間の長い青の60日線が一貫して右肩上がり、次に期間の長い緑の20日線も右肩上がりをキープし続けていれば、長期の上昇トレンドと見なすことができます。

ただ、上昇トレンドが長く続くと、含み益が積み上がった買い手から利益確定の決済売りが入るので、一時的な株価の下落がたいてい起こります。

株価の下落につられるように下を向いた5日線が20日線に近づいたあと、再び同じトレンド方向に向かう動きが「ものわかれ」です。ポイントは、近づくだけで、接したり、クロスしたりしないこと。**図43**の概念図に示したように、上昇トレンドにおける「ものわかれ」は、5日線が下にある20日線近辺まで下がったものの、20日線にタッチしたり20日線の下まで割り込むこともなく、〝さよなら！〟と再び上昇に転じて20日線から離れる動きです。下落トレンドの場合はその逆。右肩下がりで推移してきた20日線がローソク足や5日線の上にあり、その20日線まで5日線が近づいたものの、クロスせず、〝あばよ〟と再び離れて下落する動きになります。

図43 「ものわかれ」の上昇パターンと下落パターン

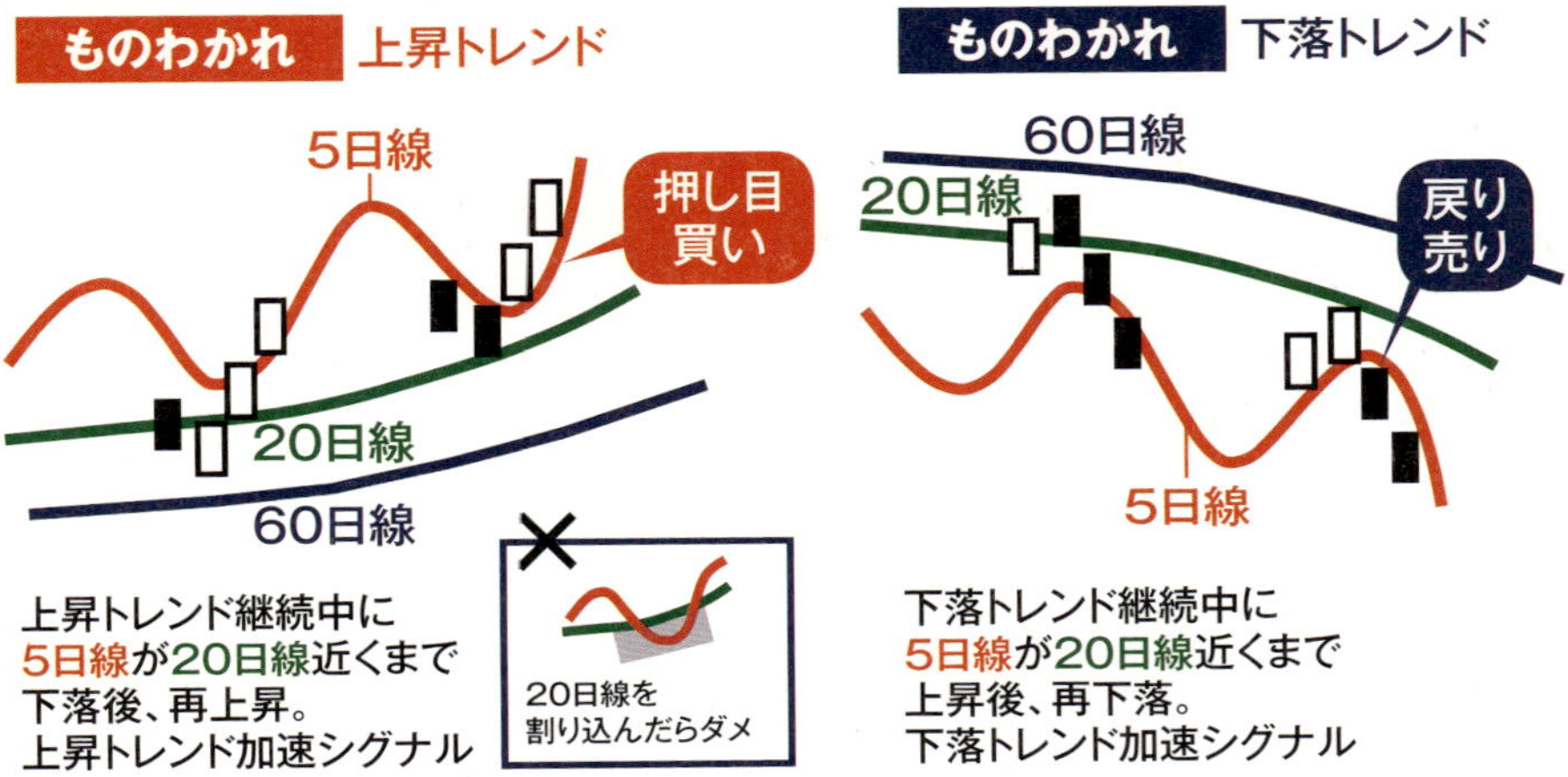
ものわかれ 上昇トレンド
5日線
押し目買い
20日線
60日線
上昇トレンド継続中に5日線が20日線近くまで下落後、再上昇。上昇トレンド加速シグナル
×
20日線を割り込んだらダメ
ものわかれ 下落トレンド
60日線
20日線
戻り売り
5日線
下落トレンド継続中に5日線が20日線近くまで上昇後、再下落。下落トレンド加速シグナル

いかに上昇トレンドであっても高値で買うのは怖いものです。そこで株価の下にある移動平均線までいったん下がったあと、再び上昇するところで安く買う、「相場式押し目買い」を手法として覚えておきましょう。一般的な押し目買いは下げている陰線のうちに買いますが、**相場式では〝いったん下げて、また上げ始めたところ〟で買います**。戻り売りはこの逆です。

下落トレンドの場合は、上値の壁になっている右肩下がりの20日線や60日線まで上がったあと、反転下落するタイミングに乗る「戻り売り」がオーソドックス。こうした押し目買いや戻り売りのタイミングを測り、実際のエントリーポイントを決めるのにとても適したシグナルが「ものわかれ」

です。なにやら哀愁漂う、ちょっとセンチメンタルな名称ですが、その威力や精度は抜群。初心者の方でも、知らず知らずのうちにトレンドに沿った売買ができ、利益を上げることができます。

ある意味、**ものわかれは、株式投資の基本である「トレンドフォロー」を身につけるための矯正ギプスのようなもの**です。ものわかれシグナルの発生で押し目買いや戻り売りを入れていくうちに、トレンドに沿った売買とは何か、どこでエントリーすると成功しやすいか、利益確定や損切りはどのラインに設定するか、といった売買プランが自然と身につきます。では具体的には、どこでエントリーして、どこで利益確定するのでしょうか。

ものわかれは、第5章で解説したくちばし同様に、緑の20日線に接近した赤の5日線が再び、20日線から離れていく形になります。その過程で、ローソク足が5日線を突き抜ける下半身または逆下半身シグナルが点灯するケースが多発します。

図44はＳＵＭＣＯの株価ですが、きれいな上昇トレンドが続いています。こうした上昇局面で発生したものわかれなら、**下半身でローソク足が5日線をまたいだ陽線で買い**。もし5日線の上に再び飛び出したローソク足が陰線の場合でも、上昇が続いて5日線が20日線から離れていくようなら、買いを入れてＯＫです。

図44 上昇トレンド加速の「ものわかれで押し目買い」

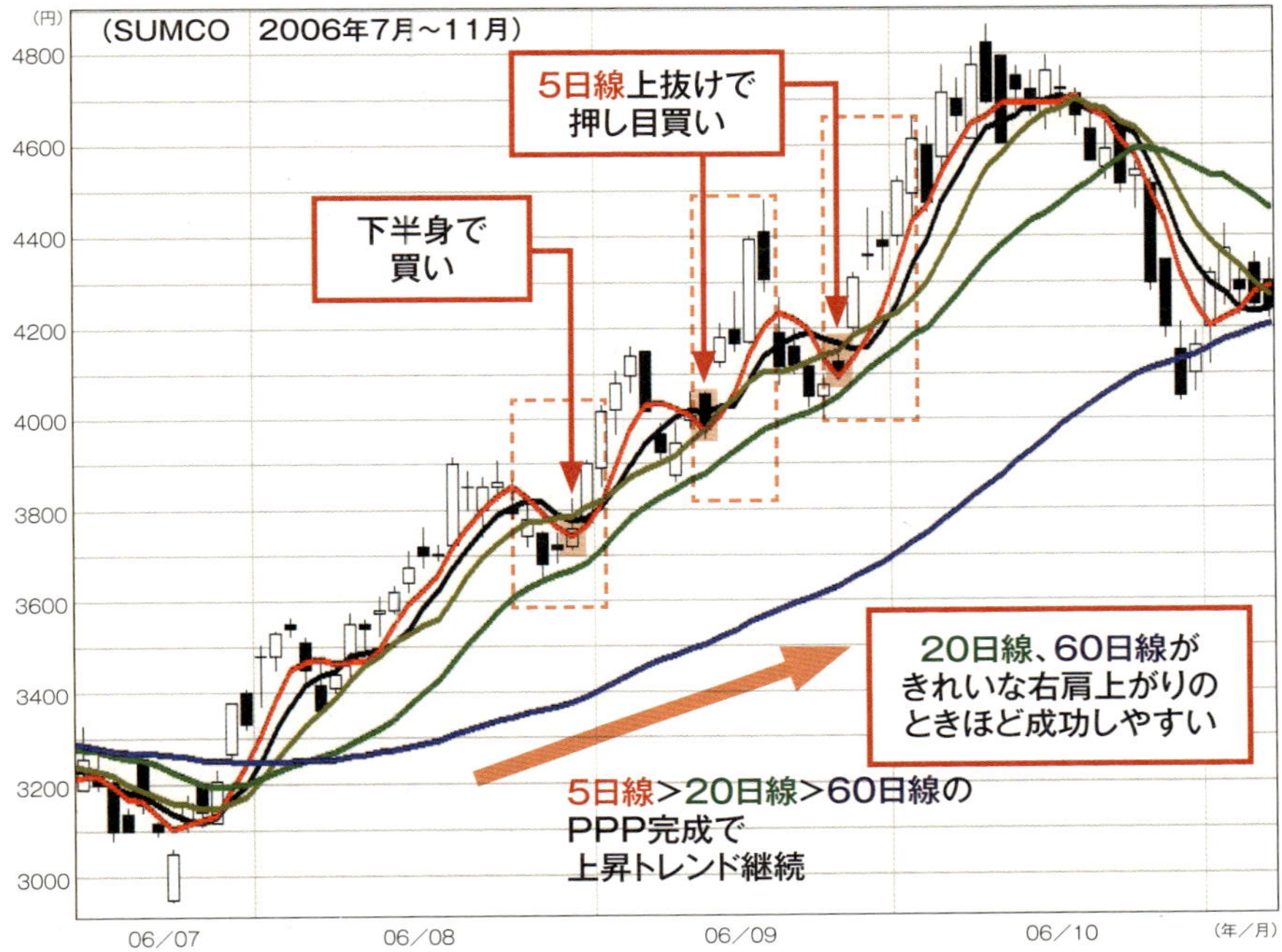

利益確定は、上昇が途絶えてローソク足が陰線で終わったところで〝早逃げ〟してもいいでしょう。ローソク足が**5日線の上にある限りは陰線が出ても買いを継続し、9の法則を頼りに、ローソク足が5日線を割り込むまで利益を伸ばす**のも〝かなり、あり！〟です。

ものわかれ発生後の株価上昇がすぐ終わることも、もちろんあります。しかし、上昇トレンドの中で下がったら買って上がったら売って……と、こまめに利益を積むための売買ポイントを半ば機械的に教えてくれるのが、ものわかれの良いところです。

図44を見てもわかるように、ものわかれの精度がアップするのは、株価の下で上昇を支えている緑の20日線や青の60日線が非常にきれいな右肩上がりで、しっかりした上昇トレンドが続いている状態のとき。図44では、いったん下落したローソク足は必ずといっていいほど20日線に向かって下落しつつも下げ止まって上昇に転じており、そこから下半身で5日線を飛び越えれば、「上昇トレンドに回帰する動きはホンモノ」と確信を持って、押し目買いを入れることができます。

図45のMonotaROの株価は、下にある青の60日線を見てもわかるように、ゆるやかな上昇トレンドが続いています。こういうときこそ、少し株価が下がって安くなったところで押し目買いして、再上昇に期待したいところ。図を見ると、AからCのゾーンで、下向きになった5日線が緑の20日線近辺まで下がったあと、再上昇に転じ、ものわかれが発生しています。そのときのローソク足は、20日線にタッチしたり、少し割り込んだりしています。

具体的に買いを入れるポイントとしては、Aのゾーンなら陽線が5～20日線を突き抜ける下半身になった地点の「前日」を①として買い。その後、③の陽線の影響で5日線も上向きに転じ、ものわかれが発生したので、買いをキープ。一番下の陽線から

図45 上昇トレンド継続時の「相場式押し目買い」戦略

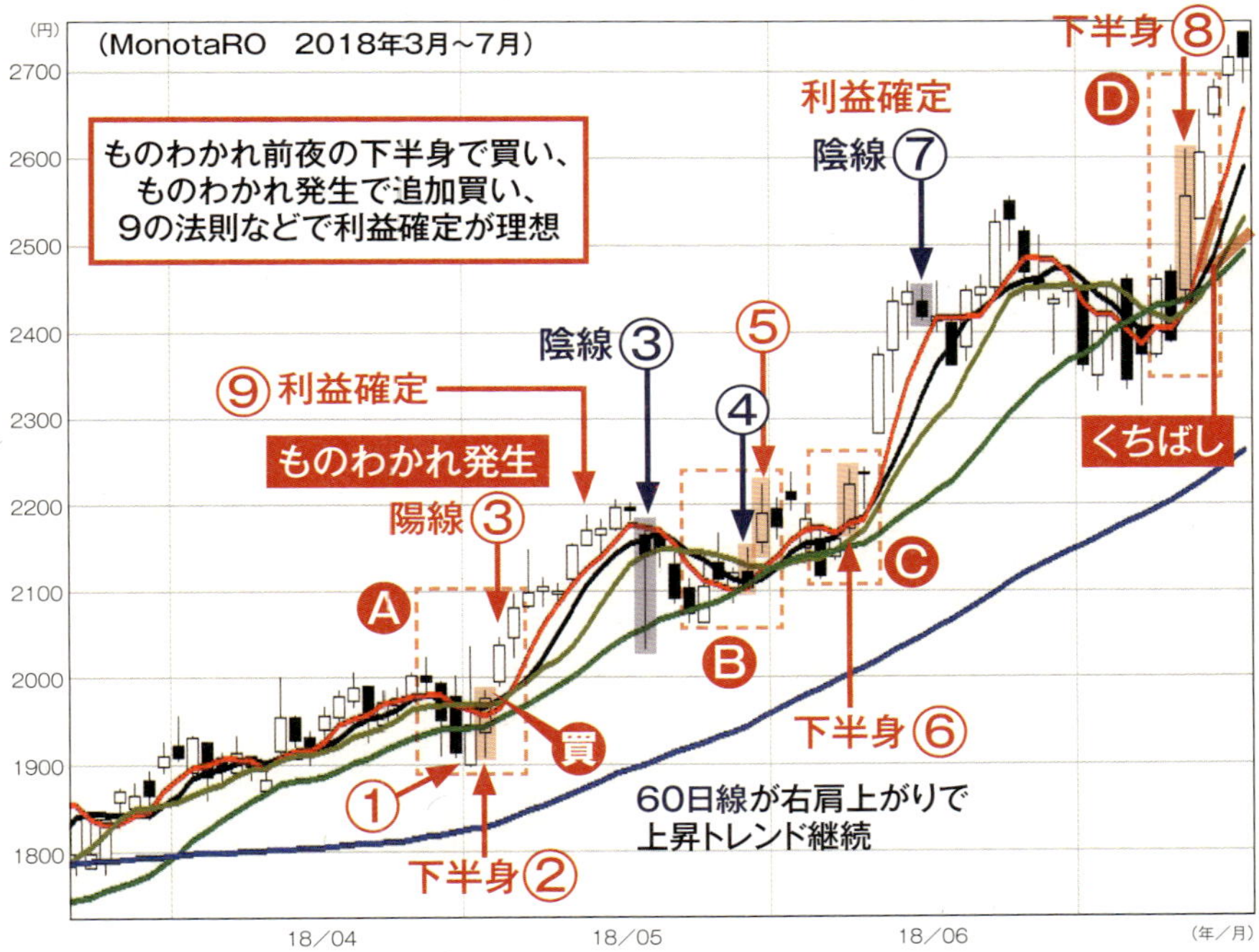

図45 の簡単解説

青の60日線、緑の20日線が右肩上がりで上昇トレンドは明白です。押し目買いが最も有効な戦略になりますが、そのポイントを的確に教えてくれるのがものわかれ。図ではA～Cでものわかれ、Dでくちばしが発生していますが、いずれも買いのポイントは株価が反転上昇に転じ、5日線を下半身で上抜いたところ。株価の上昇につられて必ず5日線も再上昇に転じるので、5日線と20日線の間でものわかれシグナルが発生します。ものわかれで買い増しするのもいいでしょう。

数えて10本以上も小幅ながら陽線が連発していますが、利益確定は9の法則のルール通り、陽線①で買って9本目の時点にしておきましょう。このケースでは、その後も陽線が続きましたので、もう1度エントリーしたければ赤い5日線に陽線が接し始めたあたりで買います。その後、陰線が移動平均線を割り込んだ陰線③で売りです。

次のBのゾーンは④の陰線から大きく5日線を飛び越えた⑤の陽線で買いとなりましたが、こちらは翌日以降、陰線が2本続いて、失敗に終わりました。

受験勉強と違って、株式投資に100％の正解はありません。そこが難しいところですが、「失敗したな」と思ったら、すぐに切って、次のシグナル発生に備えましょう。すると、Cのゾーンの上昇チャンスがすぐに巡ってきます。Cの陽線⑥が下半身なので、ここはわかりやすく買いを入れられるポイントです。その後、一番下の陽線（下半身⑥の前日）から数えて8本目の陰線⑦で利益確定します。

Dのゾーンは、5日線が20日線を抜いたので、ものわかれではありません。5日線が切り返して、20日線と勢いよく鋭角で交わっているので、第5章で見た「くちばし」になります。Dでは、大陽線と大陰線が交互に5日線をまたぐ形で登場してもみ合ったあと、次の陽線⑧が5日線を飛び越え、力強い下半身シグナル点灯となりました。この陽線⑧で買って、5日線と20日線のくちばしが続く限りは買いをキープです。

図46 ものわかれシグナルで押し目買いの実戦例

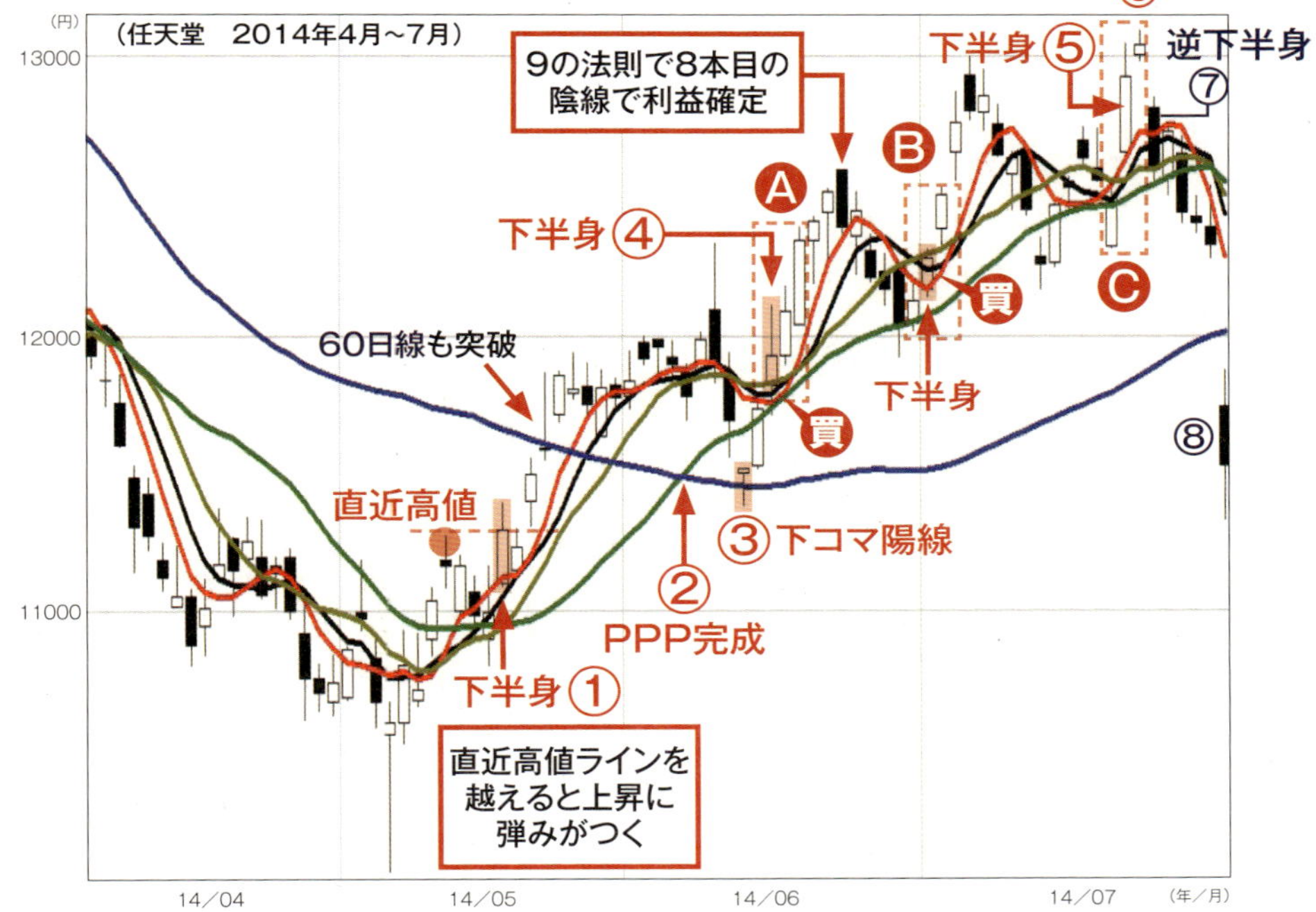

これまでの2つの例は絵に描いたようにきれいな上昇トレンドでしたが、ローソク足が20日線を割り込んで60日線近辺まで下落してしまう例もあります。**図46**の任天堂のチャートでは、画面左の下落から始まって少しだけ横ばいになったあと、①の陽線で下半身に。直近の高値ラインも突破しているのでダブルで上昇シグナルが点灯しています。

図のように横ばいトレンドから上昇トレンドへ転換するときは、横ばい相場の上限だった高値ラインを上抜ける必要があります。陽線①のような下半身で直近高値ラインを突破した場合、その後も上昇が続くことが多いもの。この場面はぜひ覚えておいてください。

実際、株価は①の下半身で上昇に弾みがつき、右肩下がりの60日線を突破して、さらに上がり続けました。緑の20日線が青の60日線を越えた②のポイントで、移動平均線の並びは5日線＞20日線＞60日線となり、ＰＰＰも完成しました。

その後、下ヒゲの長い小陽線③（「下コマ陽線」と呼びます）が60日線に向かっていますが、60日線がその下落を食い止める形になっています。

小陽線③の次に、また陰線が出て60日線を割り込む可能性もあるので、ここは買いではありませんが、この下げ止まりは「60日線が株価の下落を食い止めるクッション（支持帯）になっている」ことを示しています。実戦でもよくあるパターンですが、③の下げ止まりを見たら、ごく自然に「この先、60日線を支持帯にして反転上昇して上がるかも」というシナリオが思い浮かべられるようになりましょう。

◆ローソク足の起点から株価の寿命を予測

その後、陽線が連発し、Ａのゾーンで④の陽線が5日線をまたぐ下半身になりました。5日線も20日線に接するか接しないか微妙なところから反転上昇して、ものわかれが完成しています。ここは下半身④で買って、陽線連発中はキープ。最安値の下コマ陽線③から数えて8本目の陰線が、9の法則から見て利益確定のタイミングです。

何度もいいますが、**利益確定を考えるときは、9の法則をたえず意識**してください。**「どのローソク足が上昇の起点になったか、その起点から数えて今は上昇何本目か」を数えて、上昇や下落の「寿命」を予想する。**これは本当に大切です。

BやCのゾーンでも、ものわかれが発生していますが、Cのゾーンのものわかれは、大陽線⑤、⑥と続いたものの、翌日は下に大きな窓を空け、5日線を割り込む陰線⑦まで下落しました。この陰線⑦は、5日線を上から下に抜けているので逆下半身です。ものわかれシグナルからの上昇期間が短くなってきたり、ローソク足が20日線を大きく割り込むようになったら、「上昇の勢いが鈍くなってきたので、この先、下げる可能性もあるな」という意識を持つようにしましょう。

その後、株価は5日線の上に戻ることなく、5日線が20日線を下に抜けてしまいました。そして、陰線⑧が大きな窓を空けて青の60日線の下に登場。黒の7日線、草色の10日線までもが20日線を割り込み、逆くちばしシグナルが完成しました。ここは「もう上昇トレンドは終わった」と判断して、買いでの勝負は控えます。逆に、下落トレンド入りが濃厚なので、逆下半身の陰線⑦で売りを入れてもいいでしょう。

少し話がそれるようですが……。「お金と株のどっちが大切ですか？」というと、やっぱりお金ですよね。人は株が下がると思ったら、株以上に大切なお金を減らしたくないので、急いで株を売って換金しようとします。

日常生活を営むうえで株が絶対に必要という人はあまりいません。よって、株価が上昇して儲かりそうな局面でも、普通の人は「買おうか買うまいか、どうしようかな」としばらく思案し、「では、少し買ってみるか」と恐る恐る、じわじわ行動に移します。こういった人間心理が働いているせいか、株価というのは本当に、**「上昇はじわじわ、下落はガクン、ストン」**になりやすいものです。これは大前提として覚えましょう。

◆下落トレンドにおけるものわかれはもっと簡単

話を元に戻します。ものわかれは、これまでのトレンドが小休止したあとに再び加速するシグナル。株価の値動きが上昇じわじわ、下落はストンである以上、より勢いが強い下落トレンドのほうが狙える利幅も大きくなる傾向が強いのです。

図47は下落の続いたイオンがいったん横ばいに転じたものの、20日線、60日線が下向きになり、再び、下落トレンド入りした場面です。

そんな中でも株価は多少の戻りを試しますが、Ａのゾーンの陽線①は60日線まで達

図47 下落トレンドの「ものわかれで戻り売り」

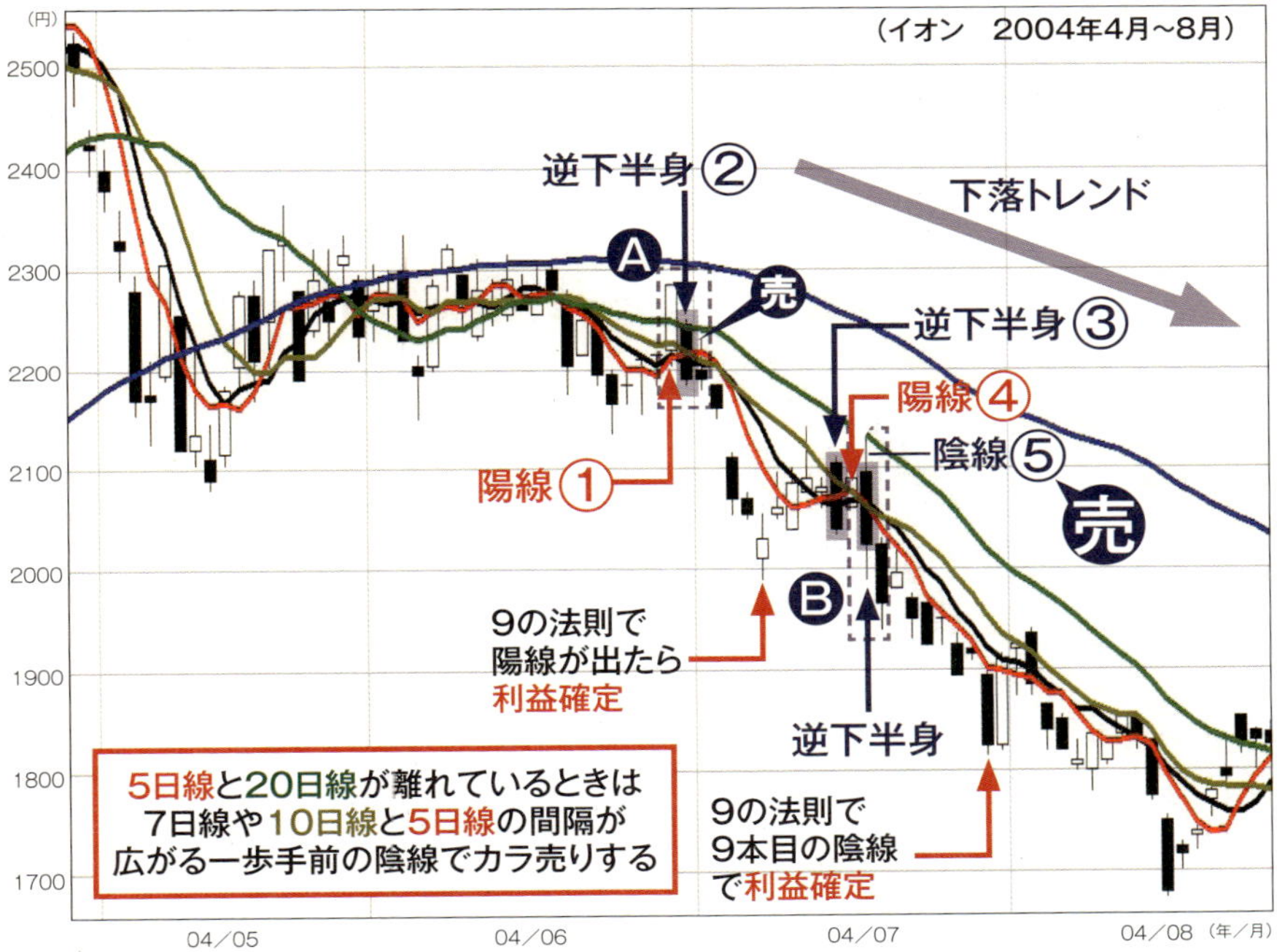

図47 の簡単解説

株価の下落は急激なので、下げ始めてからでは、売りを入れるタイミングがつかみづらい面があります。そこで、いったん反転上昇したあとの失速で戻り売りを入れるのが賢明な戦略になります。下向きだった5日線が20日線に向かって上昇し始めたら「もしかしたら、ものわかれになるかも」と次の次まで読むのが理想です。逆下半身シグナルで売りを入れ、その後は第8章で見る草黒赤シグナルなどでも追加の売り玉を増やし、ものわかれからの下げ加速を利益に変えましょう。

することができず、翌日には②の陰線が5日線を割り込んで逆下半身シグナルが点灯。いったん緑の20日線に近づいた5日線もかなり急スピードで20日線を下放れして、陽線①から数えて7本目に陽線が出るまで下落が続きました。

これが下落トレンドにおけるものわかれシグナル。下落トレンドの王道といえる売買手法・戻り売りによる利益を狙いたいなら、②の逆下半身は見逃せないシグナルといえます。

Bのゾーンの陰線③の逆下半身シグナルは次の陽線④の出現でダマシに終わりましたが、改めて5日線をまたいで下落した陰線⑤の出現で、横ばいだった5日線が再び、下向きに転換しました。陰線⑤で売りを入れることで、そこから数えて9本目まで、かなり大きな下落幅を利益に変えることができたはずです。

図47の場合、下落スピードが急なことから、ローソク足や赤の5日線は緑の20日線からかなり離れたところにあるため、ものわかれなどの20日線を使った売買判断がしにくくなります。そこで役立つのが黒の7日線や草色の10日線。「5日線が10日線に接して下放れる、また接してまた下放れる」というリズムで下落が続いていることがわかれば、5日線の10日線に対する上下動に乗った売りも入れやすくなります。

図48のMonotaROの株価も典型的な下げトレンドで推移しています。

図48 乱高下気味の下落トレンドの「ものわかれ」

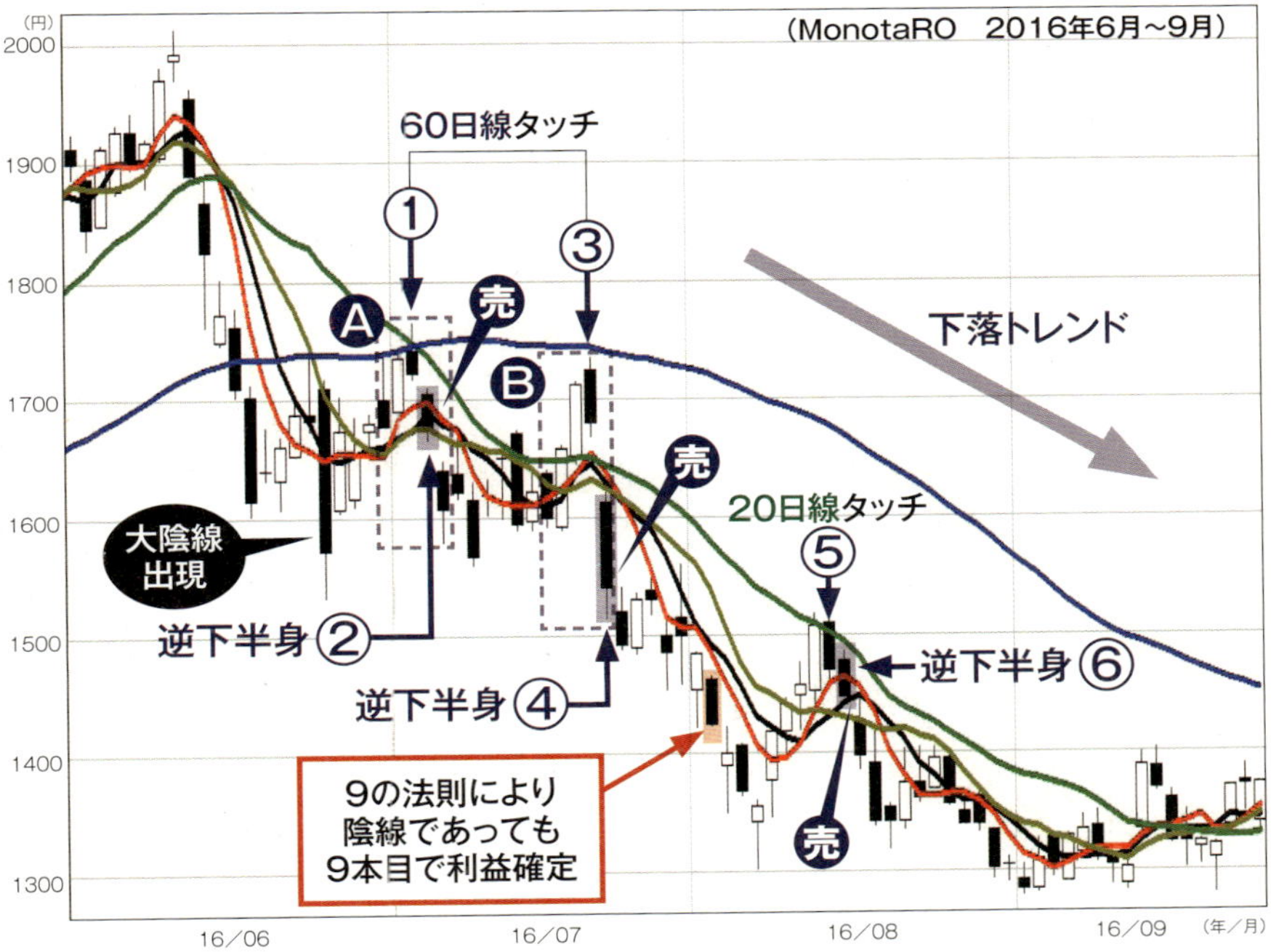

大陰線が出現して大きく下げたかと思うとリバウンドし、A、Bのゾーンではローソク足が上にある青の60日線にタッチしています。でも、横ばいから右肩下がりに転じた60日線を明確に上抜けない限り大丈夫です。

いずれも陰線で60日線に跳ね返された翌日には下げに転じ、ものわかれシグナルが発生して絶好の売りチャンスになっています。Aのゾーンなら陰線①の60日線タッチのあとの逆下半身②で売り、Bのゾーンなら③の陰線のあと、大きく窓を空けて5日線を割り込んだ逆下半身の陰線④が売りポイントになります。

陰線④のあとはいったん横ばいに転じていますが、「5日線を明確に上抜けしない限り、キープ」という方針で臨むことで、陰線③から数えて9本目まで売りを継続し、利益を伸ばすことができました。その後、反転上昇したものの、緑の20日線に阻まれ、陰線⑤で下落。次の逆下半身⑥で売っても成功していましたね。これまでの流れを考慮すると陰線⑤で売ることもできると思います。

トレンド再加速のシグナル・ものわかれは、チャート上の中長期移動平均線（20日線、60日線）が斜め45度で推移しているときに頻出します。紹介した図のチャートの形状を記憶に焼きつけて、「おっ、斜め45度だ」と感じたら、「ものわかれシグナルに乗った下半身で押し目買い、逆下半身で戻り売りを狙おう」と、反射的に体が反応してしまうぐらい、強いトレンド相場の値動きパターンに慣れてください。

ところで、**株を買った人というのは、いずれは利益確定のため売り手に変身します。株をカラ売りした人はいずれ、その株を買い戻す必要があるので買い手に早変わりします。**株を買う人の中には長期投資家も多いですが、カラ売りする人は短期的に儲けたい人が大多数。よって買い戻しのタイミングも短期間になりがちです。そのため、下げ相場では**株価が乱高下しやすくなる**ことも覚えておきましょう。

第7章

相場オリジナル④

N大【ニチダイ】

◆N大を制するものは大相場を制する！

何度でも書きますが、株は上がったり下がったり、また上がったりします。この動きをアルファベットで表現すると「N」になります。N型の値動きは「上がる↓下がる↓また上がる」です。より厳密にNの動きを定義すると、株価が上昇後にいったん下落するものの、起点となった安値を下回らずにまた上昇に転じる動き、になります。株の上昇が続くためには「株価が前の安値を下回らない」ことが大前提。つまり、N型の値動きが積み重なってこそ、初めて、株価は上昇を続けられるというわけです。このN型の動きはなにも株価に限ったものではありません。

第6章で見た「ものわかれ」は、20日線と同じ向きだった5日線が反転して20日線に近づいたあと、再び〝さらば！〟と20日線から離れていく動きで、全体を見るとNの形になります。その中でも、**5日線が20日線とクロスして、トレンド転換が起こった直後に発生するNの動きは大相場につながりやすい。**相場師朗が数多くのチャートをつぶさに観察して確信いたしました。

そこで、このシグナルをものわかれとは別に「N大《ニチダイ》」と、かの有名大学のお名前で呼ぶことにしました。起こっている現象は第6章で解説したものわかれに近いのです

図49 トレンド転換シグナルの「N大」と「逆N大」

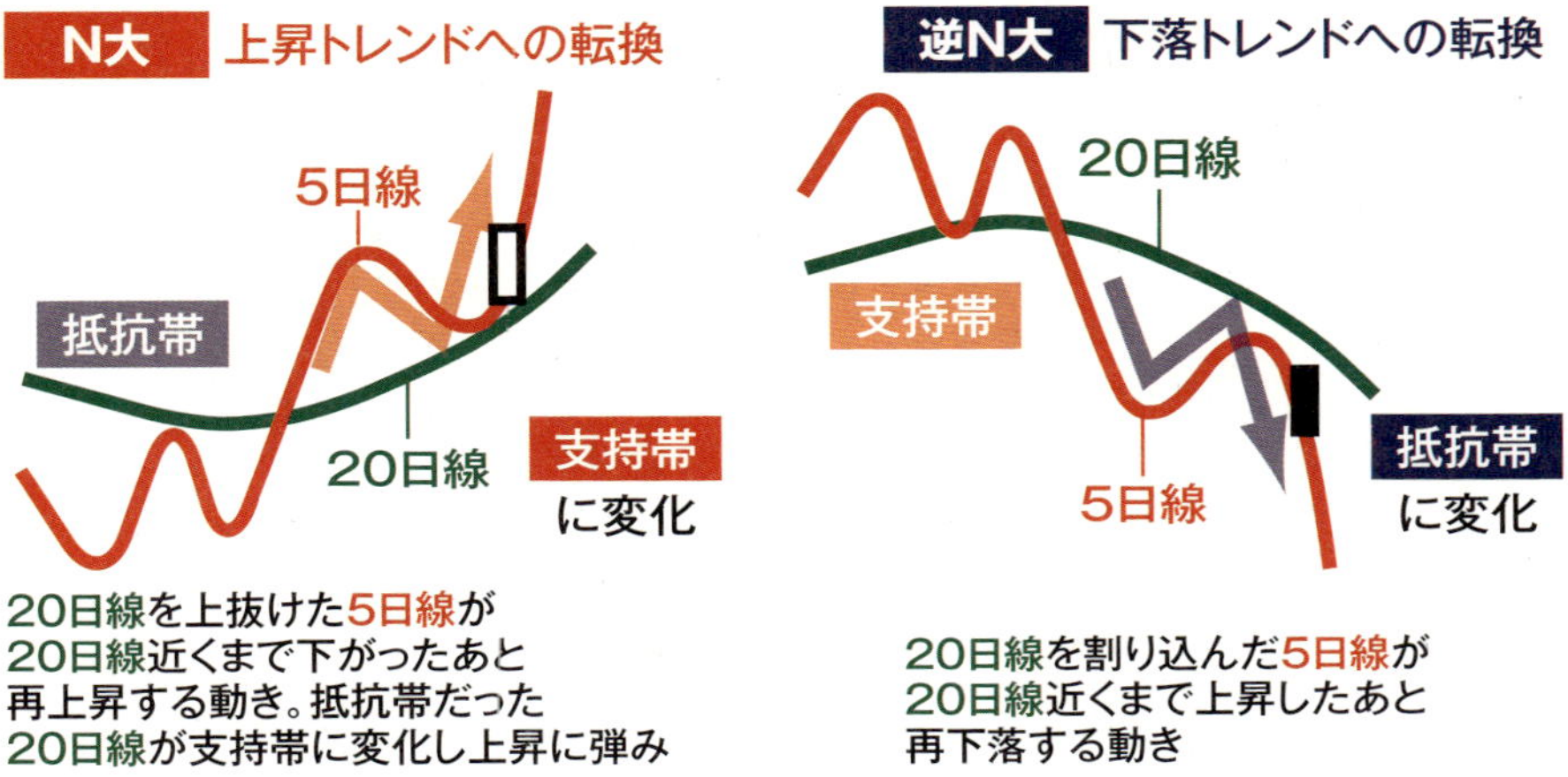

20日線を上抜けた5日線が
20日線近くまで下がったあと
再上昇する動き。抵抗帯だった
20日線が支持帯に変化し上昇に弾み

20日線を割り込んだ5日線が
20日線近くまで上昇したあと
再下落する動き

が、トレンドが転換したり、上昇や下落の勢いが加速する初動段階で起こるからこそ利幅がとりやすく、おいしい！　それを強調したいがために、あえて「N大」にしました。

図49にその概念図を示しましたが、

●緑の20日線を下から上に抜けた赤の5日線がいったん20日線近辺まで下落したものの、割り込むことなく反転上昇する動きが「N大」

●20日線を上から下に抜けた5日線が反転上昇して20日線近辺まで上昇するものの、上抜けることなく再び下落する動きが「逆N大」になります。Nの形ではなくWやMの形の値動きなら、「W大」「M大」でもいいのですが……。

とにかく、**N大・逆N大はトレンド転換の一番初めの段階で発生することもあり、その後、大相場につながることが多いシグナル**です。しかし、パッと見ると、トレンド転換が失敗に終わりそうで終わらなかったもみ合い相場が目が入ってしまい、シグナル自体を見逃してしまうケースもあるので注意しましょう。トレンド転換につながって大きな利益を得るチャンスのあるシグナルですから、気づかないのはもったいないです。

図50のＭｏｎｏｔａＲＯの株価は、高値圏から株価が逆Ｎ大シグナルをともなって青の60日線を割り込みました。移動平均線の並びも一瞬、60日線∨20日線∨５日線の逆ＰＰＰで揃いますが、そこから図の①の長い下ヒゲ陰線を安値にして反転上昇。すぐに５日線が20日線を上抜きます。上でもない下でもない、もみ合いが少し続いたあと、いったん20日線を下回った②の陽線が最安値になって、鮮やかな上昇に転じていますね。20日線が下向きのところを５日線が上抜けているので典型的なパターンではないものの、②の陽線を起点に、③の陽線が５日線を抜ける下半身となり、②から数えて９本目の陰線まで、きっちり９の法則にのっとった反転上昇が続きました。

少しわかりにくいかもしれませんが、移動平均線だけに注目してみましょう。20日線を抜けた５日線がいったん下落したものの、20日線を下回ることなく、Ｎの字を描

図50 上昇トレンドへ転換する際の「N大」シグナル

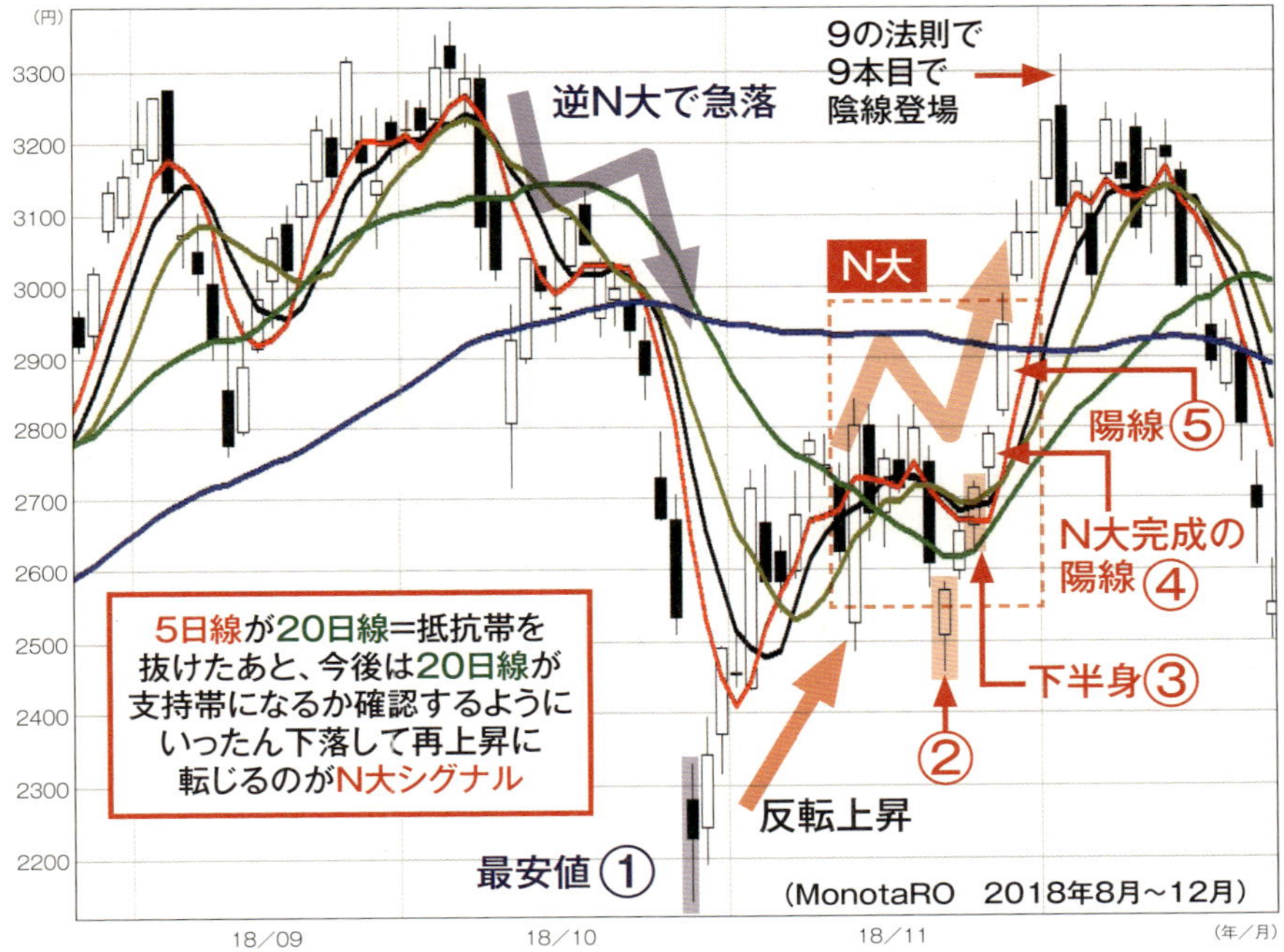

図50 の簡単解説

株価には「これまでの抵抗帯が今後、支持帯になるかどうか」を確かめにいく習性があります。20日線を上抜けした5日線がいったん20日線近辺まで下がって再び上昇に転じるN大もその習性に近いシグナルです。図の場合、逆N大で急落したあと、最安値①から反転上昇し、赤の点線で囲った横ばい期間中にN大シグナルが発生。実戦では見逃しやすい面もありますが、②の陽線、③の下半身以降の陽線連発を見たら、「あっ、これN大かも」と5日線のN字カーブに注目しましょう。

いて上昇。②の陽線で打診買いするなら、2度目となる2500円での切り返しを根拠にしたいものです。そしてN大シグナル完成が予感できる③の下半身で買いを追加、次の陽線④のあたりでN大の形が完成しています。そして陽線⑤が直近のもみ合い高値ゾーンを抜けました。そのままホールドして青の60日線を突破したところでも再び買い増し、といった売買プランも考えられます。第2章で、**最初は抵抗帯として機能してきた節目が、その後、株価の下落で支持帯に早変わりするパターンを解説しましたが、その移動平均線バージョンがN大シグナル**といえるでしょう。

下落トレンドが続いて、それまで株価や5日線の上昇を阻んできた20日線を5日線が突破。その後、「これまで抵抗帯になってきた20日線だけど、これからは上昇を支える支持帯になってくれるかな」と思っていたら、5日線が20日線近辺まで下落。「やっぱり、上昇を応援してくれる支持帯になってくれた！」というところで反転上昇に転じる。**これまで抵抗帯だった20日線が支持帯として機能してくれることを5日線が確かめにいく動き、それがN大**という言い方もできますね。

株価の大きな値動きは、下落局面から横ばい局面を経て上昇トレンドに転換するのが基本です。その意味で、横ばい相場からN大シグナルが発生し、上昇トレンド転換というパターンも見ておきましょうか。

図51 横ばい相場から「N大」完成で上昇トレンド転換

図51の任天堂は下げ相場のあと、横ばいで推移してきましたが、5日線が安値を更新しなくなり、底打ちの気配が漂っていました。そこに、①の陽線が5日線、20日線を下から上に抜ける下半身となりましたが、これは不発。伝家の宝刀・下半身シグナルも5日線が真っ平に近い横ばいだとうまくいかないこともあるのです。

その後、②の陰線が5日線、20日線を割り込んで再び下落か!?と見せて、③の大陽線で見事、切り返し。②の陰線の下落を完全に打ち消して直近の高値にチャレンジし、しかも5日線から20日線までの移動平均線をぶち抜く下半身となりました。これにより、20日線近辺まで下落していた5日線も再上昇に転じています。

翌日には、横ばい相場の高値ラインを上抜けして窓を空けて上昇した陽線④が登場して5日線も上向きになり、少しわかりにくいですがN大シグナルが完成。その後、下落局面もありながら高値更新が続く大相場に発展しています。

実戦では、③の下半身で打診買い、④の陽線で買い増し、60日線を抜けた⑤の陽線で追撃買い。そして⑥の陰線でいったん買いを切る売買プランが有効でした。

◆逆N大のほうがより大相場につながりやすい

「上昇じわじわ、下落はドカン」という意味では、逆N大相場のほうが威力は絶大といえるので、下げ相場に突入しそうなときは逆N大シグナルが発生するかどうか、虎視眈々と監視しましょう。**図52**のSUMCOは下げ相場からいったん横ばいになったあと、再び大きな下げに転じています。その際に出現したのが逆N大シグナルです。

図のAのゾーンで、密集した移動平均線の束を陰線①が逆下半身で下抜け。しかしそのまま急降下とはならずに、下ヒゲが長い陰線②で下げ止まって、反転上昇に転じ

図52 大相場につながった「逆N大」の例

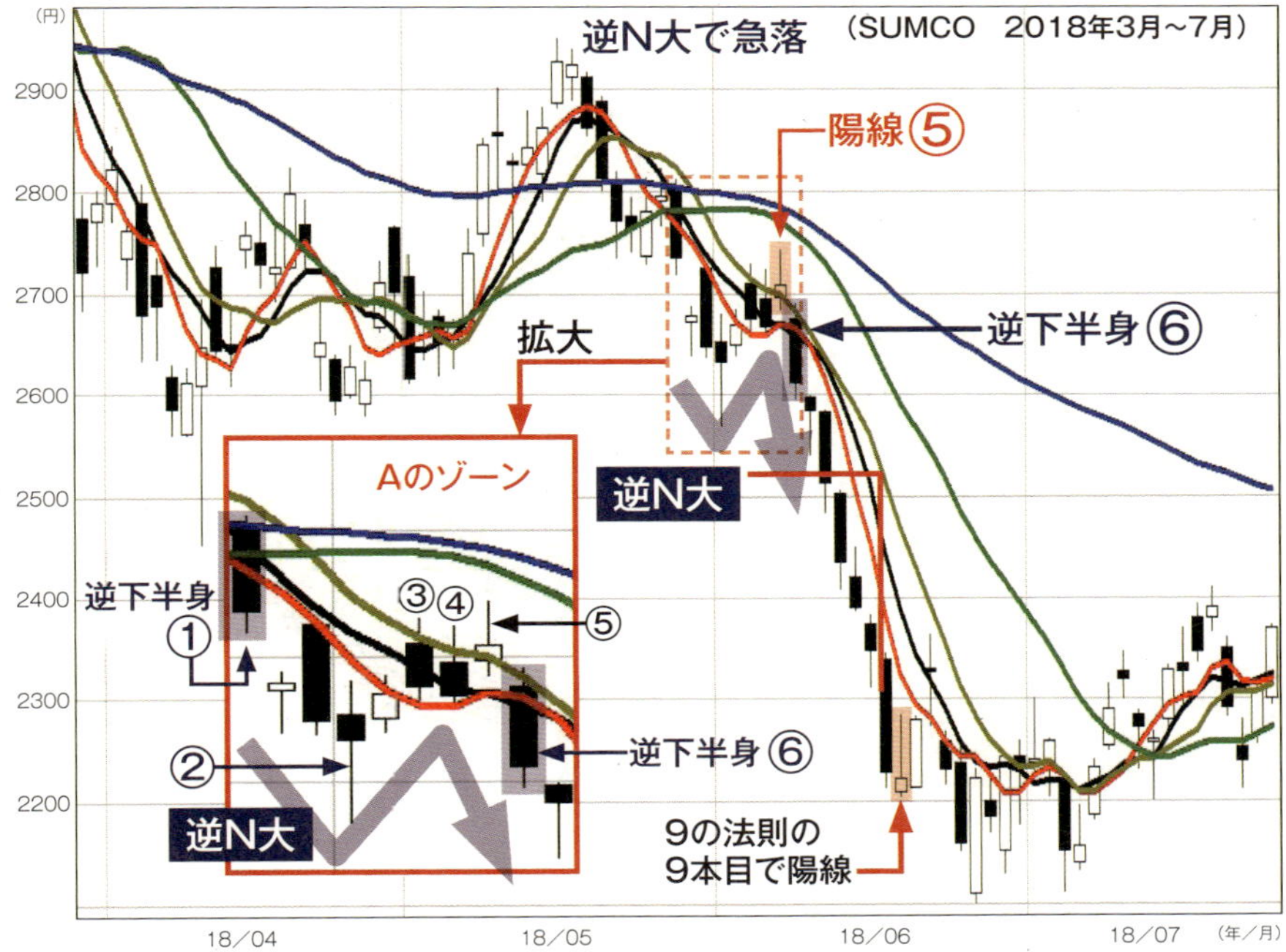

図52 の簡単解説

5日線と20日線がクロスしたあと、最初に起こるものわかれが、トレンド転換後の値動きの加速を示すN大・逆N大シグナルになります。図は逆N大が大相場につながった例です。より大きな視点で見ると、緑の20日線が青の60日線を割り込んだあと、陽線⑤の戻しで60日線に近づき、再び⑥の逆下半身で離れるという、20日線の60日線に対する逆N大シグナルも発生。陽線や陰線が延々と連発する大相場ほど9の法則が利益確定に役立つこともよくわかるケースです。

ています。上昇は続いたものの、③、④、⑤のローソク足はいずれも長めの上ヒゲを残していて、上値が重そうです。このあたりで「すでに株価は20日線、60日線を割り込んでいるし、逆N大シグナルになるかも」とピンと来てほしいところです。

③、④、⑤のローソク足の弱さを見れば、次に陰線⑥が5日線を下抜ける立派な逆下半身になるかも、と予想できます。「ということは逆N大シグナルが来そうだな、追撃だ」と自信を持って、売りを入れられるわけです。

その後の展開は見ての通り、⑤の陽線から数えて9本目に陽線が出るまで、9の法則にのっとった下落が続きました。

とにかく、シグナルが点灯してから「あっ」と気づくのと、シグナルが点灯する前から「点灯しそうだ！」と準備するのでは、投資成績にも雲泥の差が出ます。

シグナルが出る前に出ることを予想して、出たときの準備をしておく。これは、大学を受験するなら、その大学の赤本を買って、過去の入試問題を解いて準備しておくのと同じぐらい、基本中の基本です。

逆N大の中には、いったん下げたあとの上げの反転局面がかなり長期間続いたあと、やっぱり下げたという、時間のかかるパターンもよく出てきます。これは、N大も同じで、いったん上げたあと、かなり長時間かけて下げから横ばいに転じ、やっぱり上

図53　60日線に対する逆N大シグナル出現の例

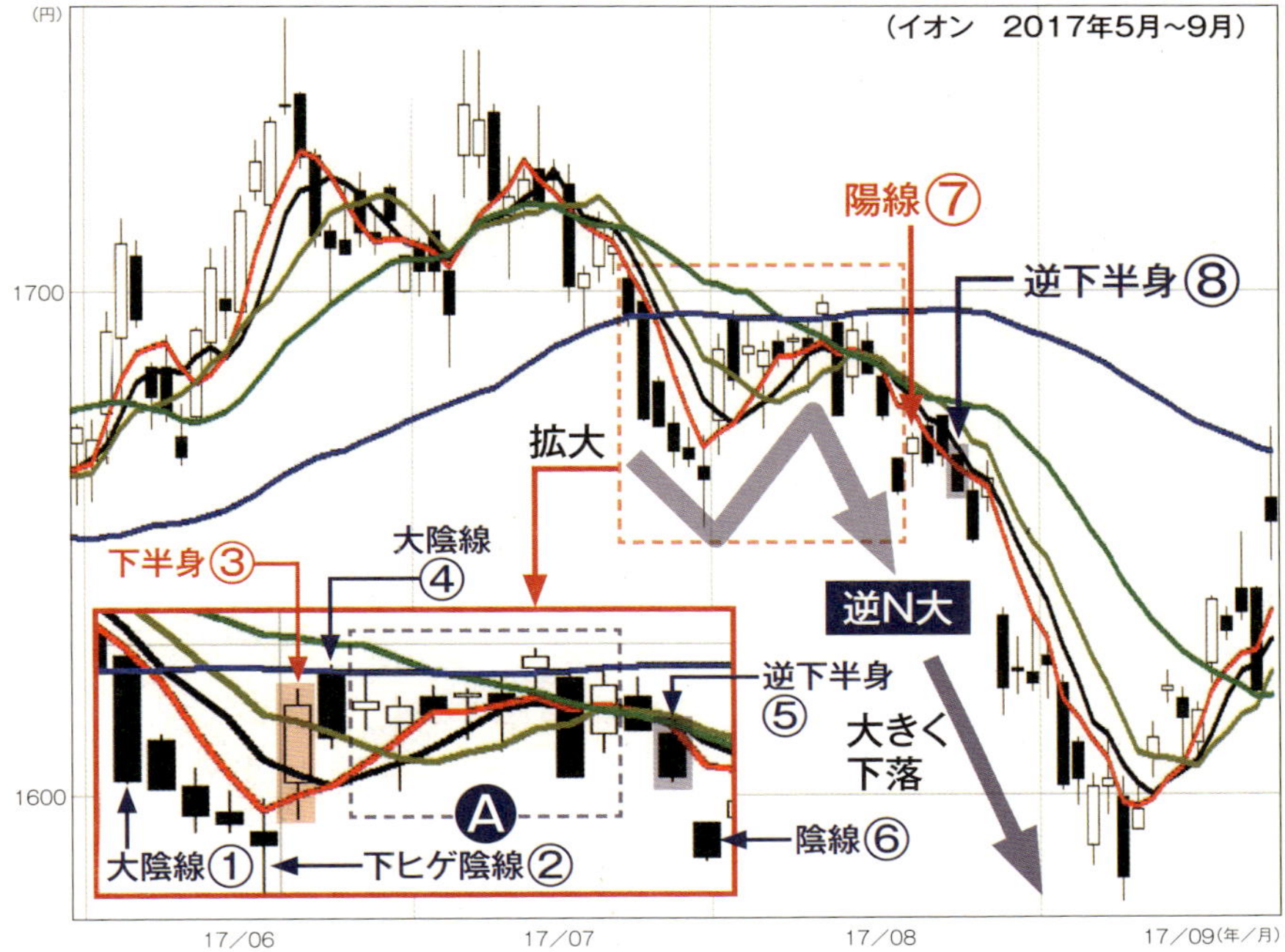

げたというパターンがよくあります。

図53のイオンは、そんな反転上昇局面が長いタイプの逆N大シグナルです。しかも、20日線ばかりか、60日線に対する逆N大シグナルにもなっています。

まずは①の大陰線で派手に60日線を割り込んだ株価が、②の下ヒゲ陰線でいったん下げ止まって反転上昇。③の大陽線が5日線を飛び越える下半身となり、そのまま60日線を越えて上昇トレンドに復帰するシナリオも十分に考えられる展開になりました。

しかし、次の大陰線④が60日線にぶつかって力なく下落。このあたりから逆N大完成による下げ加速を一つのシナリオとして思い描いてほしいですね。

とはいえ、思った通りにすぐ動かないのが株価の値動き。その後、図のAのゾーンでは、60日線を越えられないものの、かといって下落することない状態の横ばいが続きます。雰囲気が変わったのが、5日線を下回って逆下半身シグナルが点灯した陰線⑤。横ばいで推移していた5日線も陰線⑤の出現でカクッと下を向き、いよいよ逆N大シグナル完成か!?と強く意識していい局面になりました。ここで試しに売りを入れ、次の陰線⑥で売り増しをします。そのあと陽線⑦が出ますが、他の移動平均線の並びの角度を見てもがまんして保有したいところです。再度、逆下半身⑧で追撃売りを入れるのもOK。もしくは、5日線を陽線⑦で越え切っていないので売りは切らずに、おとなしく下落を待つ、というのが正しい考え方になるでしょう。

図53の教訓は、逆N大シグナルは5日線が20日線に対して逆N字を描くだけでなく、時には、60日線に対して起こるケースもあるということ。杓子定規に考えず、臨機応変な柔らか頭で臨むことが、その場その場の判断が利益にも損失にもつながっていく株式投資ではとても大切です。

図54 逆N大が暴落につながるパターン

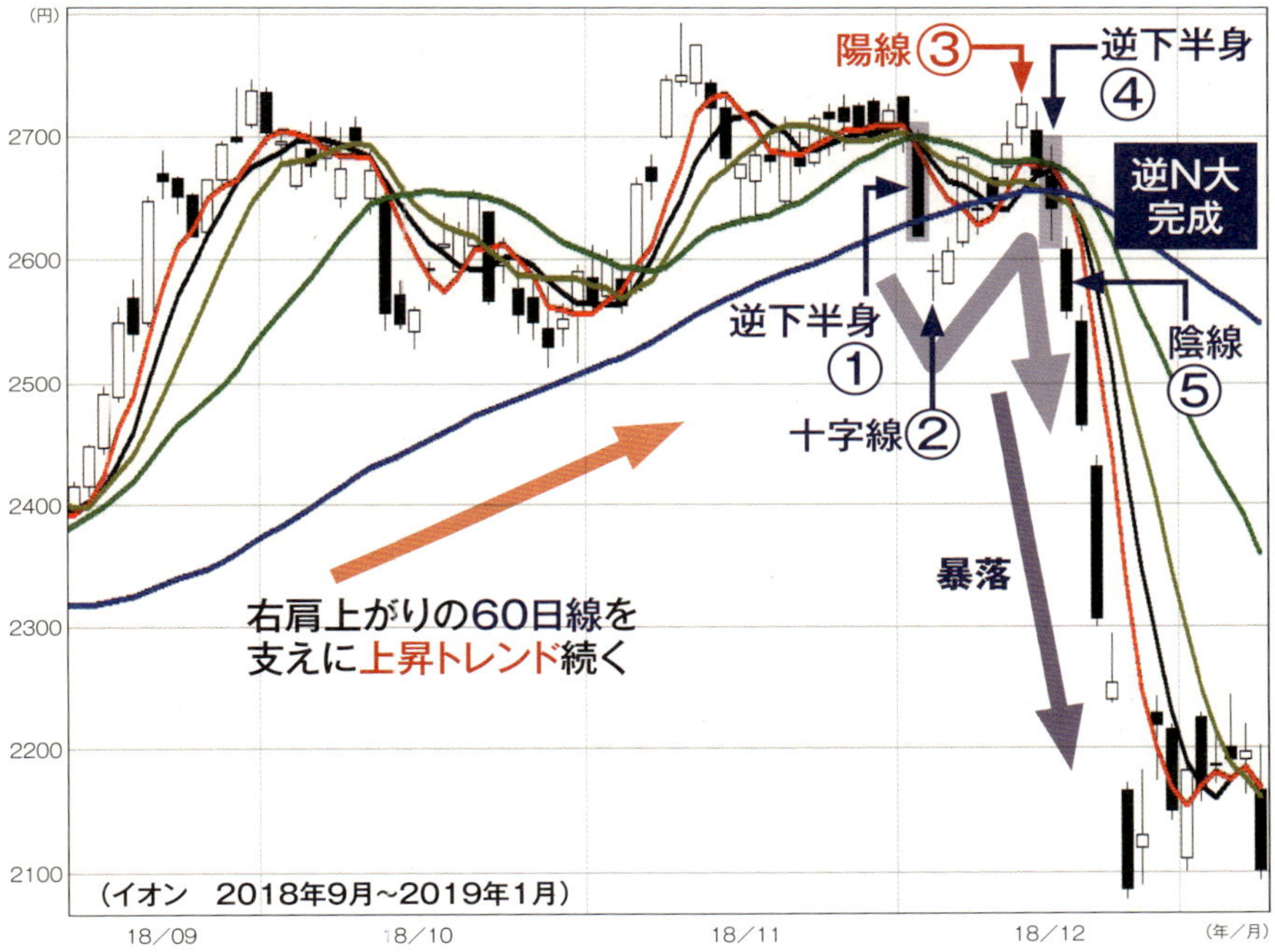

株価の暴落はよく「ナイアガラの滝」に喩えられますが、そんな滝のような暴落の前にも最後の悪あがきのような逆N大シグナルがよく発生します。**図54**のイオンは、右肩上がりの60日線の上でゆるやかな上昇トレンドが続いていましたが、①の陰線が逆下半身となって、60日線を割り込みます。上昇トレンドが継続する過程でも、下値の移動平均線をローソク足がいったん割り込むのはよくあることなのです。

実際、①の逆下半身のあと、

十字線②を安値に、株価は終値ベースではローソク足6本分も上昇。再び60日線を越えて、③の陽線まで上昇しました。

この状況だと「これは上昇トレンドにおける押し目なので買いだ」という判断もできますが、気になるのは、①の大陰線登場で5日線が20日線のみならず60日線も割り込んでしまっていること。上昇トレンドの押し目買いシグナル・ものわかれは、**「5日線が下にある長期線にタッチせずに反転上昇すること」**ですから、この局面はものわかれではありません。「少し怪しいな」と思って見ていると、5日線から60日線までが密集した移動平均線の束を、まとめて割り込む逆下半身④が出現しました。

このあたりで、上昇トレンド回帰のシナリオはまだ持ちつつ、逆N大シグナル発生で大暴落というシナリオにもピーンと来てほしいところです。

そして、逆下半身④から大きく下に窓を空けて下落した陰線⑤が出現し、堂々たる逆N大シグナルが完成。このあとナイアガラの滝のような大暴落が起こるかどうかはこの時点ではわからないでしょうが、⑤の陰線を見たら、これまでの上昇トレンドの記憶は完全に消去。気分一新、しっかりカラ売りを入れられるようになりましょう。

最後にご紹介する**図55**のN大シグナルは、20日線を株価とともに越えた5日線が、株価の横ばい・下落でいったん20日線を割り込んだものの、そこから急激に切り返し

図55 上昇トレンド加速につながった変則N大

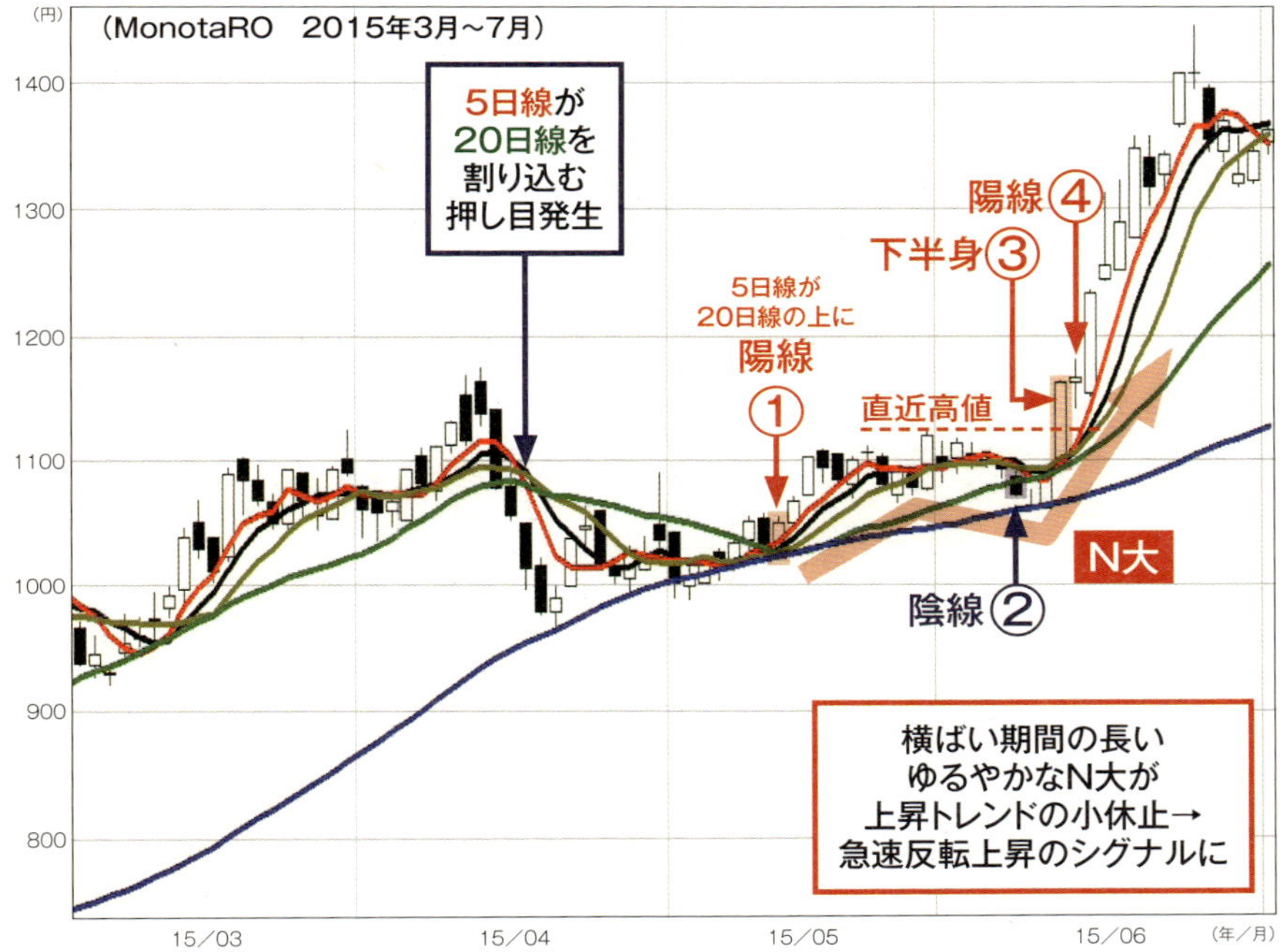

図55 の簡単解説

図は5日線から20日線までが密集して、60日線に近づいてきたので下落トレンドへの転換も考えられる場面です。陽線①の下半身で「上昇か」と思いきや、再び横ばい相場に突入します。陰線②が20日線を割り込んだ地点では「このまま下げるのか？」と考えていいですが、その後、③の下半身シグナルで「やっぱりこれは上げだ！」と確信すべき。ほぼ20日線に接していた5日線も陽線④で急上昇に転じ、くちばしシグナルといってもいい変則N大シグナルが完成しました。

て上昇するパターンです。図を見てもわかるように、下にある60日線はずっと右肩上がりです。つまり、上昇トレンドが続く中での押し目買いの場面でも、N大シグナルが発生することがあるのです。

図では①の陽線で5日線が20日線の上に浮上。少し上昇したあと、長らく横ばいが続きましたが、②の陰線で5日線が20日線を微妙に下回っています。そういう意味では典型パターンと違いますが、そこから③の大陽線が下半身になって上昇転換。大陽線③は5日線が20日線を越えて以降の直近の高値も越えています。次の陽線④で、5日線自体も、直近の高値水準を越えて上昇しており、その時点でN大シグナル完成と判断してください。

株価の値動きは**「ただ単純に上がり続ける、下がり続ける」以上に、「上がるかに見えていったん下がって、やっぱり上がる」「下がるかに見えて1度上がって、やっぱり下がっていく」という「くせ者的な動き」がより本質に近い**、といえます。それは、株価が上昇すれば、必ず買い手の利益確定が入ることからも説明できますし、トレンドが転換するか、継続するかの瀬戸際では投資家も「どちらにいくか」迷ってしまう、という投資家心理を考えれば納得できるでしょう。投資家の迷いや、その迷いを振り切るような値動きのエキスをぎゅっと抽出したのがN大・逆N大なのです。

第8章

相場オリジナル⑤

草黒赤

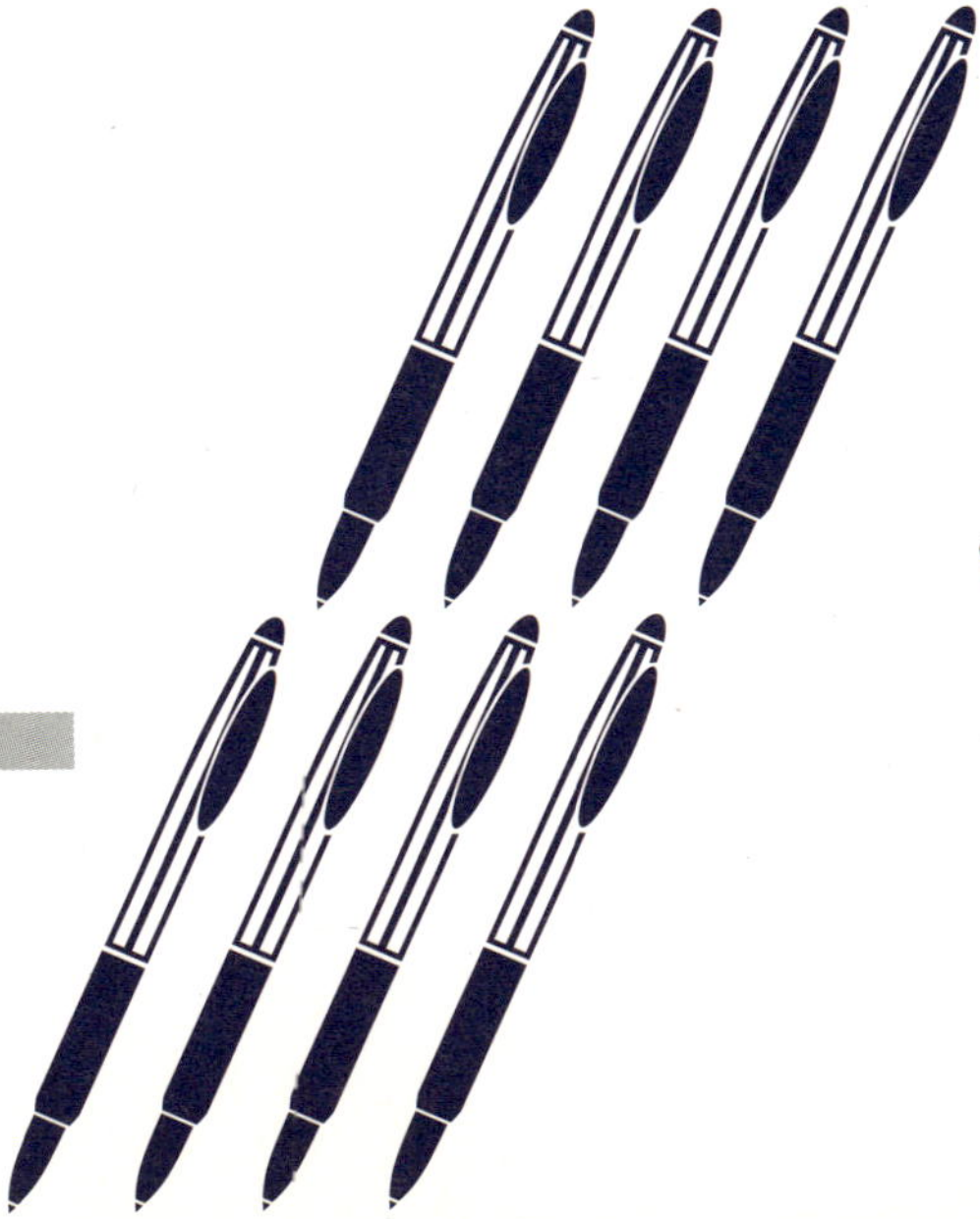

◆草黒赤を活用すれば安心して利益が伸ばせる

相場式シグナルでは比較的新しい**「草《くさ》黒《くろ》赤《あか》」**。名前だけ聞くと、なんだか馬のエサのようにも聞こえますが、違います！　相場式の株価チャートで「草」といえば10日移動平均線、「黒」は7日線、「赤」は5日線の色のことです。5日、7日、10日というたった3本の短期移動平均線を使うことで、初心者の方が的確に、かつ安心して買いや売りを入れ、しかも利益をどんどん伸ばすことができるように相場師朗が考案した利益向上シグナル、それが「草黒赤」なのです！

株を始めたばかりの方は「損してしまうのが怖い」と、株の取引自体に恐怖や焦りを感じてしまい、せっかくのチャンスを取り逃がすことが多いものです。いざ取引して利益が出始めても、「その利益が目減りするのが不安」とすぐに決済してしまって、せっかくの大きな利益を取り逃してしまうことも多発します。

恐怖や不安を感じたまま株の取引をしていては、精神衛生上もよくありませんし、トレード成績も向上しません。そんな初心者の方々に**「このシグナルが出たとき売買すれば、もう、あれこれ迷わなくても、完全にシグナルお任せでも、どんどん利益が積み上がっていくパラダイス」**が存在することをお教えしたい。そのパラダイスに導

図56 トレンド加速シグナル「草黒赤」

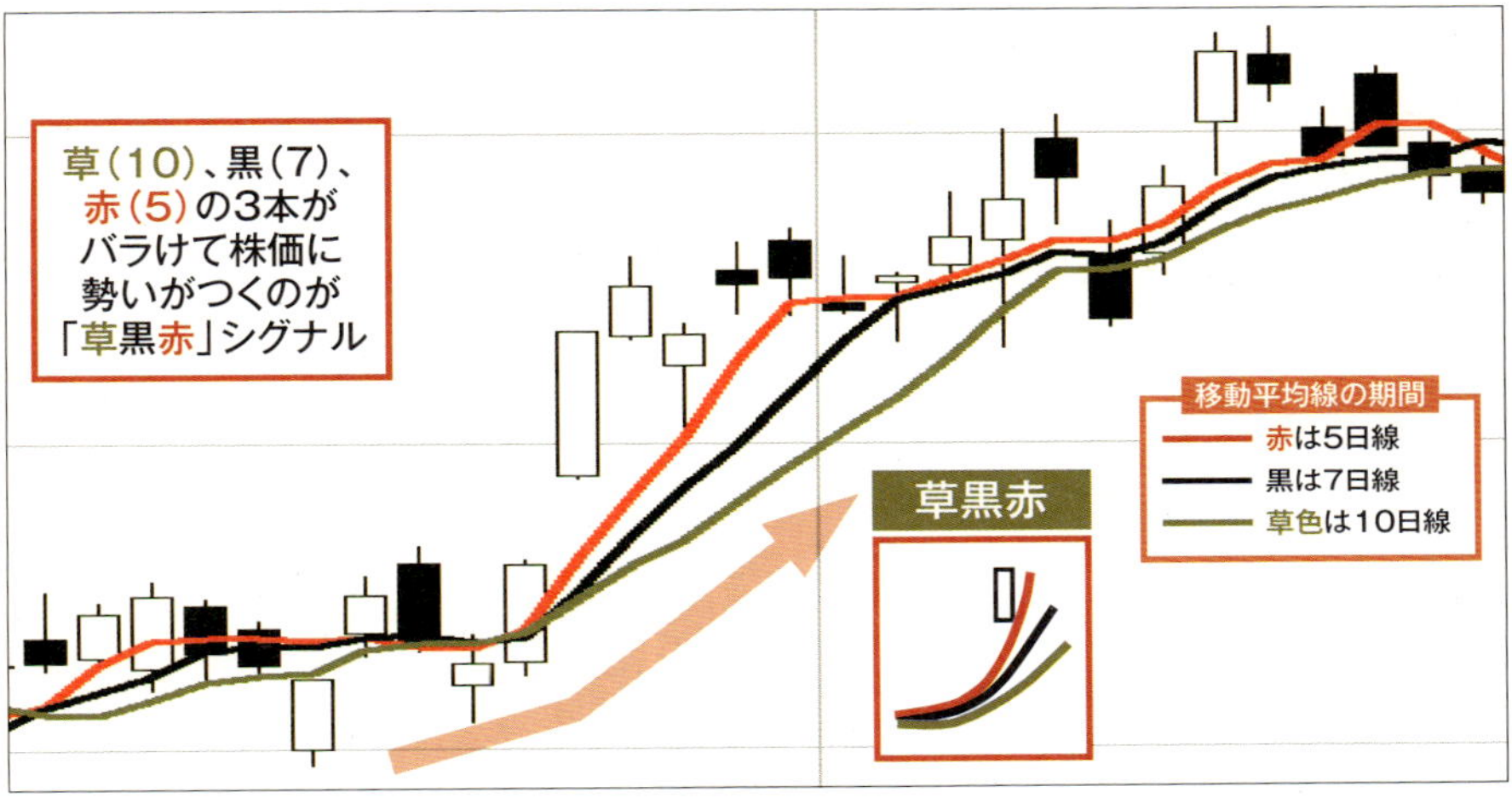
草(10)、黒(7)、
赤(5)の3本が
バラけて株価に
勢いがつくのが
「草黒赤」シグナル
移動平均線の期間
赤は5日線
黒は7日線
草色は10日線
草黒赤

いてくれるのが草黒赤です。

3つの短期移動平均線が重なり合って1本の線のような状態になったあと、赤（5日線）＞黒（7日線）＞草（10日線）、もしくは、その反対の草（10日線）＞黒（7日線）＞赤（5日線）の順番できれいにバラけて拡散しながら上昇または下落していったときが草黒赤シグナル完成になります（**図56**）。

3つの短期線が1本に重なり合うのはどんな状況だと思いますか？ それは、上昇もしくは下落していた株価が反対方向に動き出し、それにつられて3本の移動平均線が次々とクロスするとき、もしくは株価が10日近く同じ価格帯でうろうろ横ばいで推移しているときです。では、その状態から

3本の移動平均線が草（10日線）、黒（7日線）、赤（5日線）の順番できれいに広がっていくのはどんなときでしょうか？　そうです。株価が勢いよく上昇もしくは下落を開始して、しかも、その勢いが止まることなく続いているときです！

3本の移動平均線が赤（5日線）＞黒（7日線）＞草（10日線）の順番できれいに並んでいるとき、株価は赤の上にあってどんどん上昇しています。買い玉を保有していれば、何もしなくても利益が伸びていきます。やることは、そう！　ただ見ているだけ。反対に草黒赤が上から草（10日線）＞黒（7日線）＞赤（5日線）ときれいに並んでいるとき、株価は5日線の下を勢いよく下落しているはず。カラ売り玉を入れていれば、難しく考える必要はなく、売りで利益を伸ばすことができます。**草黒赤が1カ所に固まった状態から、鮮やかに、その順番をキープしたまま、3本の線に分かれて広がっていくところだけを狙う**と、かなり安心してエントリーできます。しかも、草黒赤の並びが崩れない間は平和な気持ちで利益を伸ばせます。

図57のSUMCOの日足チャートはその典型例です。株価は長らく底値近辺で横ばい推移していましたが、じわじわと上昇に転じて、草黒赤の3本の短期線が青の60日線の上に浮かび上がりました。

そしてAのゾーンで3本の線がほぼ重なりあって1本の線のように密集したまま、

図57 きれいに上昇加速！「草黒赤」シグナルの例

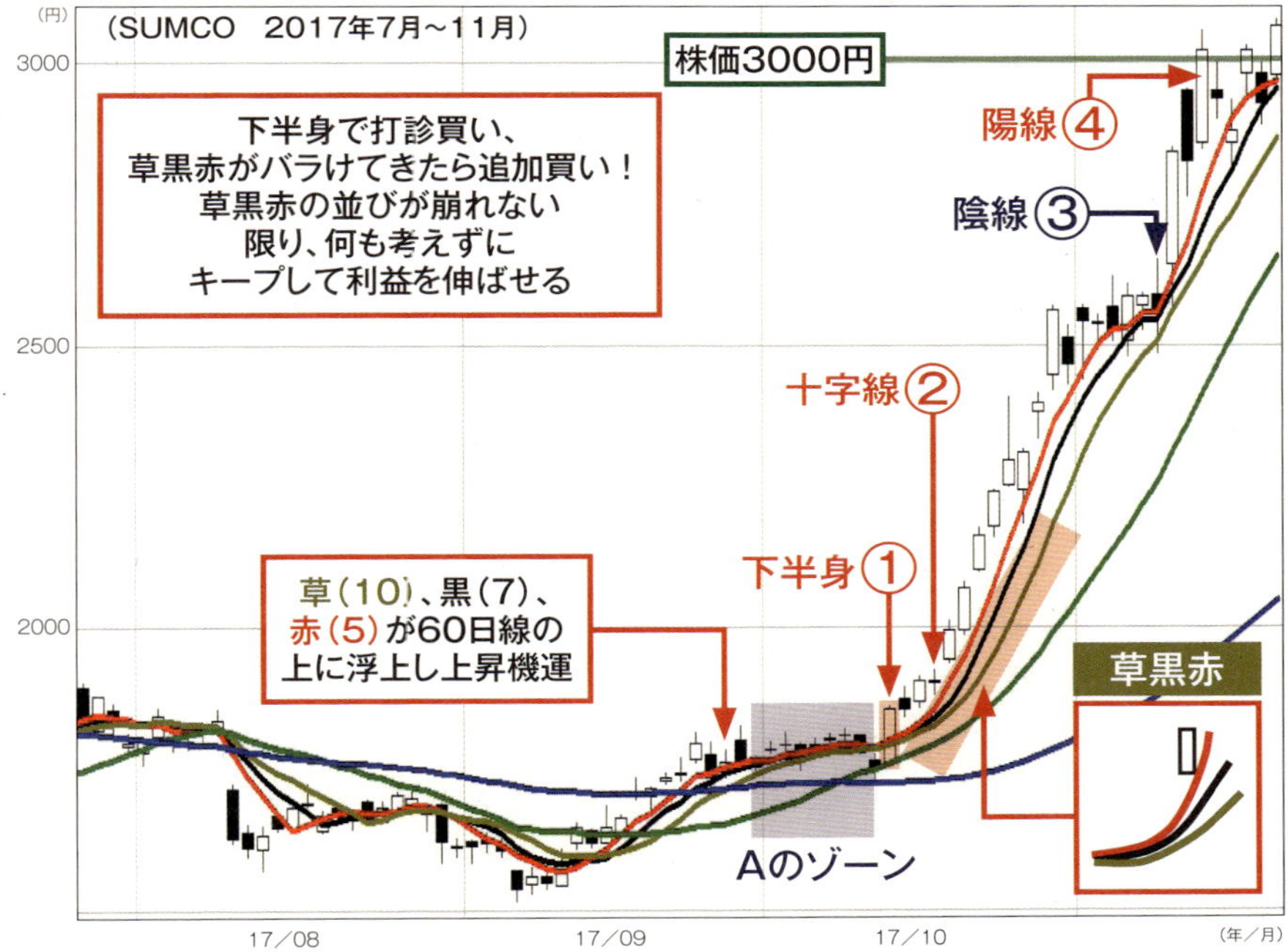
(円)
(SUMCO 2017年7月～11月)
3000
2500
2000
株価3000円
下半身で打診買い、
草黒赤がバラけてきたら追加買い！
草黒赤の並びが崩れない
限り、何も考えずに
キープして利益を伸ばせる
陽線④
陰線③
十字線②
下半身①
草(10)、黒(7)、
赤(5)が60日線の
上に浮上し上昇機運
草黒赤
Aのゾーン
17/08
17/09
17/10
(年/月)

しばらく横ばいで推移。大陽線①が草黒赤を同時に上抜いて、力強い下半身シグナルが点灯したあと、さらに上昇が続き、ついに！ ②の十字線が出たあたりで赤（5日線）∨黒（7日線）∨草（10日線）と3本の線がくっきりはっきり、この順番をキープしたまま、株価とともに上昇を開始しましたね！

こうなったらもう、いつ買いで勝負しても全然怖くありませんし、草黒赤の並びが続く限り、ずっと買いを継続していれば、どんどん利益を伸ばすことができます。途中、株価がいったん横ばって、③の陰線で赤と黒が重なり合いそうになりました。しかし、まだ赤と黒がくっつかずに草黒赤の並びをかろうじてキープしているので我慢して買いを継続。すると図の陽線④が３０００円の節目に到達するまで、１０００円以上の値幅を利益にすることができました。

どうですか、かなり簡単でしょう？　ただ、草黒赤の並びが崩れないかどうかチェックしていればいいだけなのです。ツボにはまると、労せずして、大きな利益をモノにできるのが、草黒赤の魅力です。

図57の場合、草黒赤の短期線を緑の20日線、青の60日線が下支えしていて、完璧な上昇トレンドにおける移動平均線の並びであるＰＰＰ（パンパカパン）が完成していたので、より安心感がありました。**草黒赤がシグナルとして優れた点はこの並びが崩れない間は、日々のローソク足の気まぐれな動きにいちいち右往左往する必要がないこと**。1日1回、たとえば会社のトイレタイムにでも草黒赤の並びが崩れていないかチェックするだけで、大きな成果を期待できます。

上昇だけでなく、下落局面の草黒赤の例も見ておきましょう。**図58**は下落トレンドが続くＳＵＭＣＯのチャートですが、株価下落の勢いが強まり、草（10日線）＜黒（7日線）＜赤（5日線）の並びが完成したところで戻り売り。しばらく放置して、並び

図58 下落トレンドの草黒赤で戻り売り

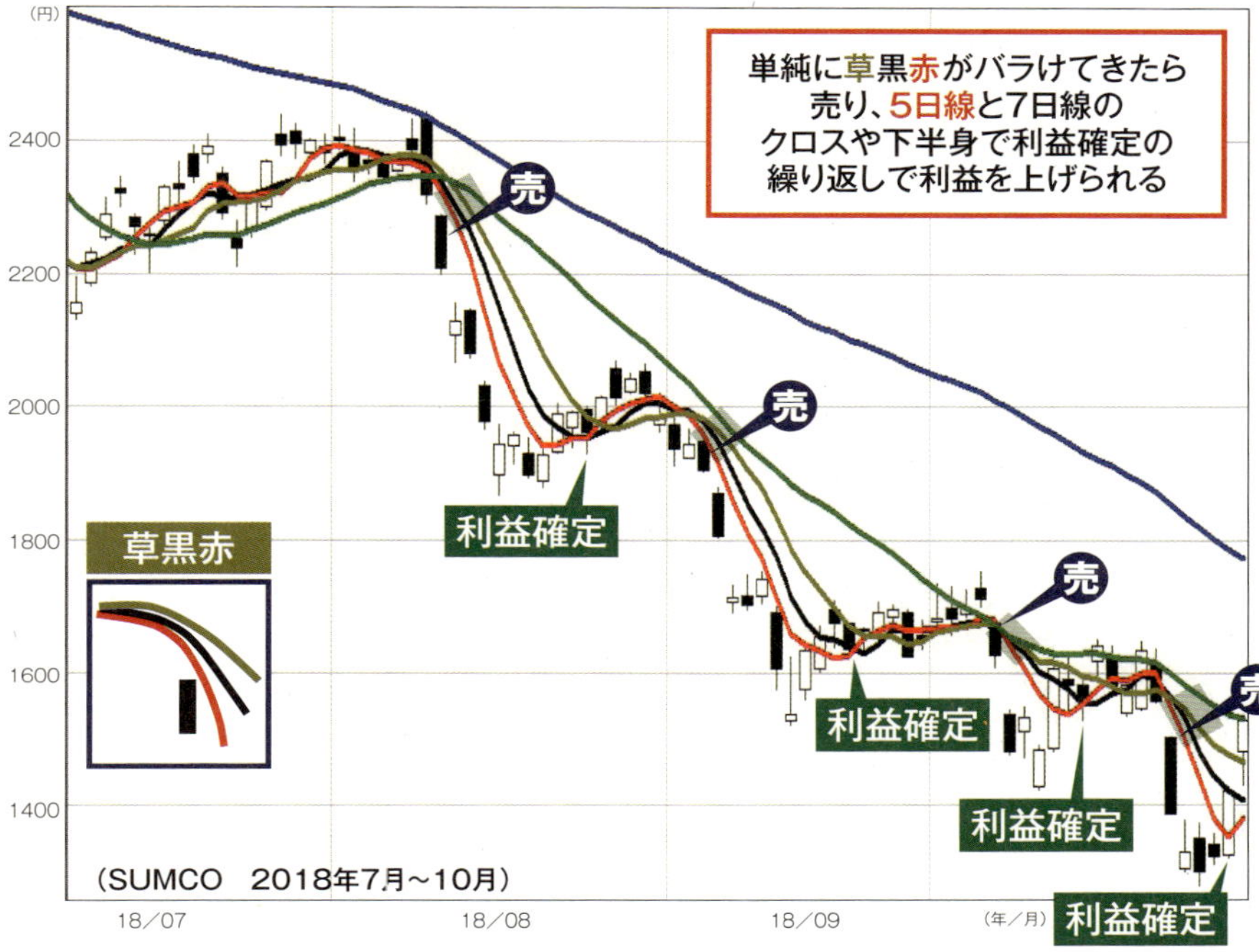

(円)
2400
2200
2000
1800
1600
1400
単純に草黒赤がバラけてきたら売り、5日線と7日線のクロスや下半身で利益確定の繰り返しで利益を上げられる
売
利益確定
草黒赤
(SUMCO　2018年7月～10月)
18/07
18/08
18/09
(年/月)

図58 の簡単解説

完全に下を向いた60日線、20日線の傾きから見て、下落トレンドの継続が濃厚なので、戻り売りポイントを探したいところです。カラ売りを入れるタイミングは、逆下半身が適当ですが、その後の草黒赤のバラける様子は逆下半身での売りを継続し、安心して利益を伸ばすための頼もしいシグナルといえます。草黒赤が拡散するところで、さらに売り増しを考えてもいいでしょう。草黒赤が再び逆向きに交わるポイントは的確な利益確定シグナルとしても使えます。

が崩れたところで利益確定。この繰り返しです。下落のすべてとはいいませんが、その大半を草黒赤シグナルの活用だけでとることができます。このケースも、緑の20日線、青の60日線が草黒赤の上にあって、きれいな逆PPPが続いていますね。草黒赤では、**緑の20日線、青の60日線が草黒赤を支えているときは安心度数が強まる**という条件を補助ルールとしてつけ加えておきましょう。

◆トレンド転換も草黒赤を使えば簡単にタダ乗りできる

草黒赤が1カ所に集まった状態から、パッと花が開くように3本の線に分かれて広がる。この〝開花現象〟が起こるのは、トレンド相場で押し目や戻りが起こったあと、再びトレンドが加速する場面ばかりではありません。

第5章で見たくちばし・逆くちばしシグナルをともなって、上昇から下落へ、下落から上昇へ、トレンド転換が起こる場面でも草黒赤シグナルは発生します。

図59はMonotaROの株価が下落トレンドから1500円という株価の節目を下支え役に横ばいとなり、その後、上昇トレンドへ向かう値動きを示したもの。図の大陽線①が草黒赤に対して下半身となり上昇を開始しました。赤の点線で囲んだゾーンでも終値ベースで上昇が持続し、1カ所に密集していた草黒赤が、赤（5日線）＞

図59　トレンド転換の「草黒赤」シグナルの例

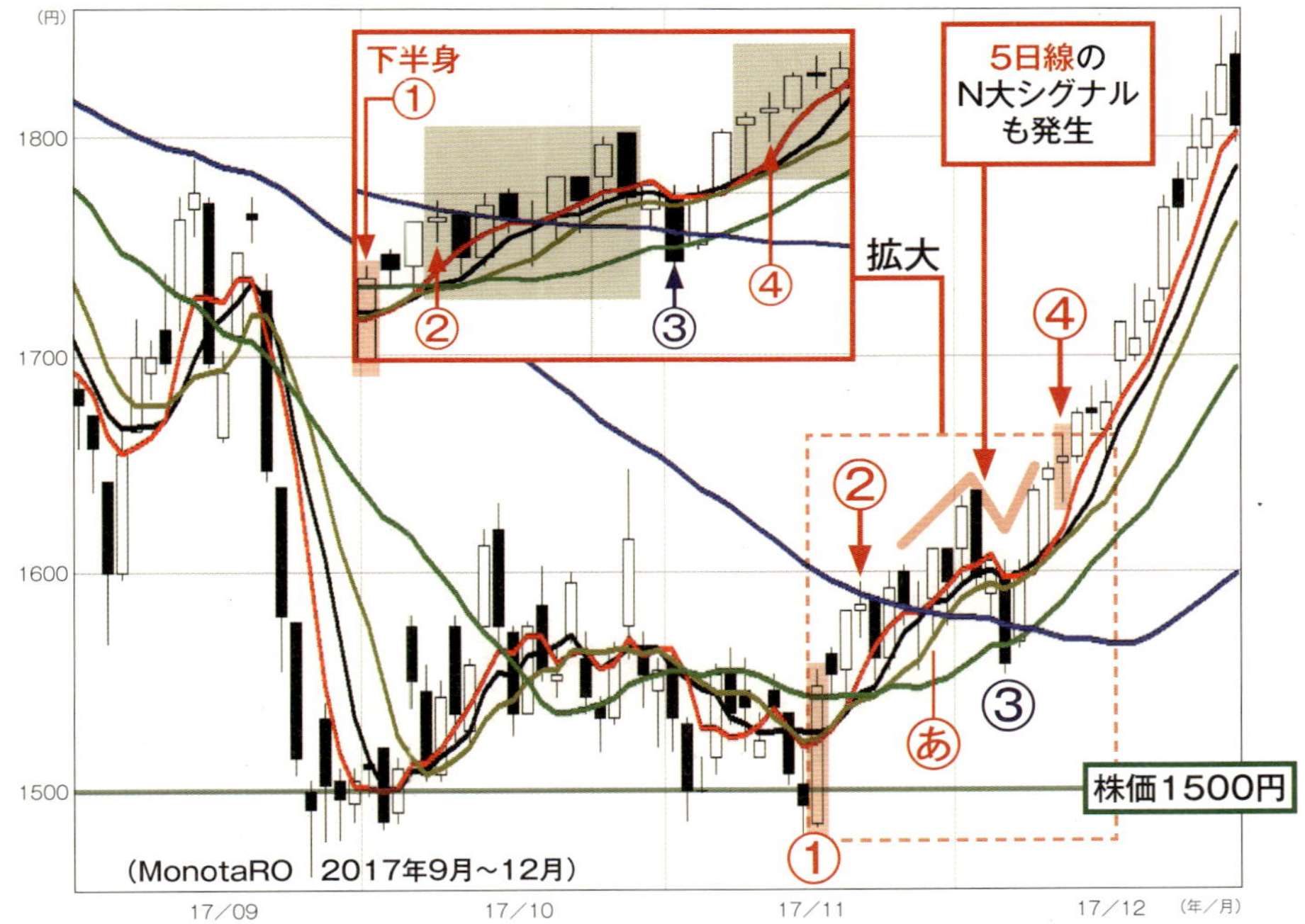

黒（7日線）＞草（10日線）の並びでその間隔を広げていきました。草黒赤が完全に広がった小陽線②でエントリーを。上昇を阻む抵抗帯になりそうな右肩下がりの60日線が少し気になりますが、株価は上下動を繰り返しながら、60日線の壁を突破。その後、①から9本目の陽線㋐でいったん撤退します。

その後、再び草黒赤の密集↓拡散が発生しているので④の2本前の陽線（下半身になっています）でエントリー。今度は順調に草黒赤が拡散を続けて、画面最後の大陰線まで150円近い値幅をとることができました。

60日線を突破する前後はちょうど1600円という株価の節目も抵抗帯として機能していたので、株価が乱高下。③の陰線がいったん60日線を割り込むなど初心者の方には難しい展開です。しかし、このときの5日線と20日線の位置関係をよく見てください。「あれ？　この形、前にも見たぞ」とピーンときた方、ここまで本書をちゃんと読んでくれてありがとうございます。そうです、陰線③前後の一見もみ合い相場で出現していたのは、5日線が20日線まで下げてからのN字型反転上昇、つまりN大シグナルです。**シグナルがたくさん点灯して複合シグナルになればなるほど強くなる**という相場師朗の教えを信じたほうがいいでしょう。

◆複合シグナルを見逃さない

大相場につながることが多いN大の助けもあり、その後、草黒赤シグナルは株価1800円台到達まで継続。まるで飛行機のファーストクラスに乗るぐらいの安心感を持って、買いを入れたまま見ているだけで利益を伸ばすことに成功しました……と、ここまで読んで気づきましたか？　図59の**上昇トレンドへの転換過程で複数のシグナルが同時多発的に登場**しているのです。1500円というキリのいい株価で下げ止ま

図60 下落トレンドへの転換シグナルとなった「草黒赤」

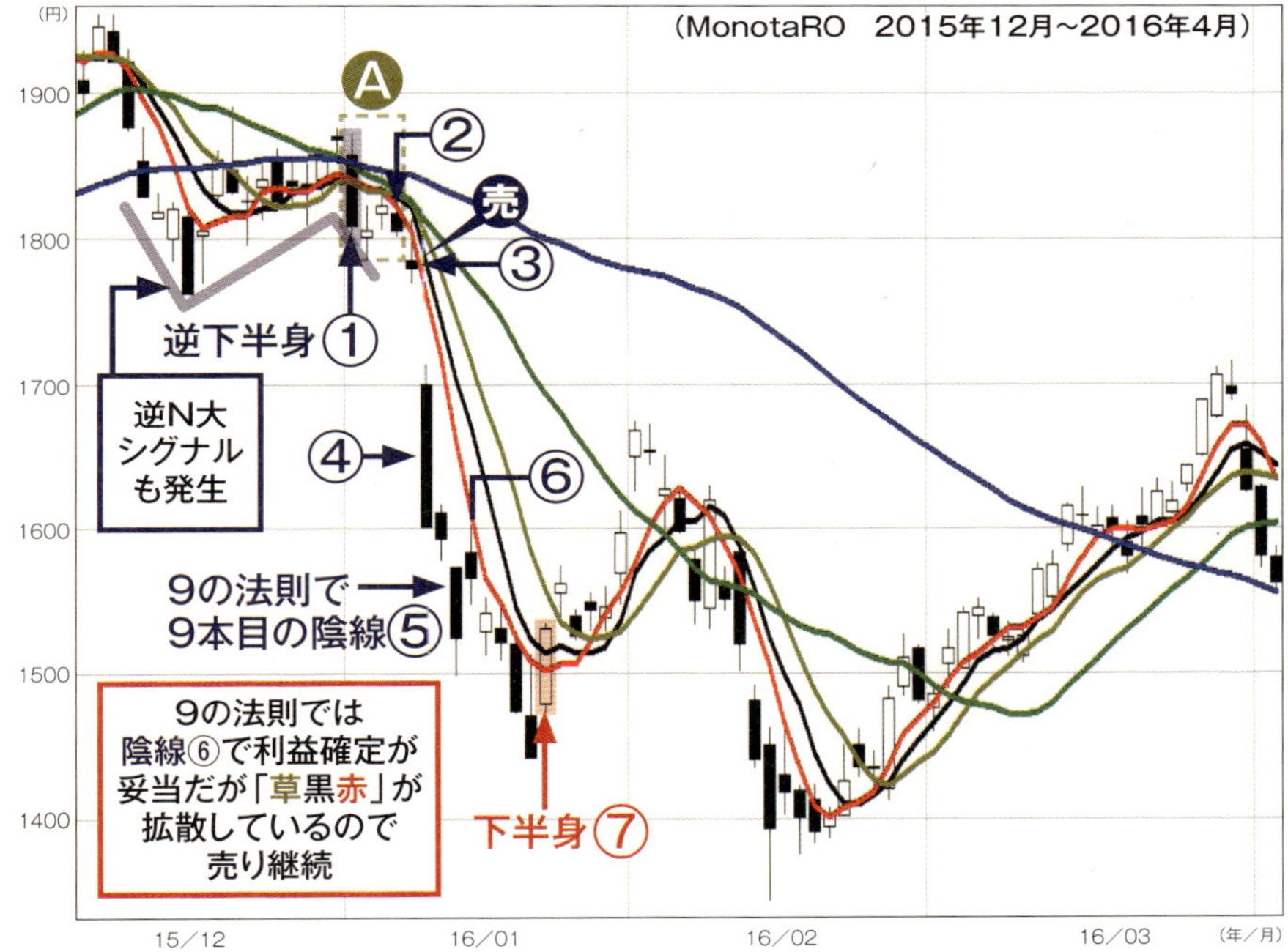

り、下半身、最初の草黒赤、1600円の節目、上値にある60日線という抵抗帯、N大シグナル、再度の草黒赤……。

図60は、上昇から下落へトレンド転換したMonotaROの日足チャートです。それまで青の60日線の上にあった草黒赤が60日線割れしたあと、Aのゾーンでは草黒赤を同時に突き抜ける陰線①の逆下半身シグナルが点灯。その後、陽線2本を挟んだ陰線②で草黒赤の間隔が広がり、次の陰線③で間隔がバラけ始めています。この陰線③でカラ

売りを入れることで、次に大きな窓を空けて登場した大陰線④から始まる下落トレンド突入の急落を利益にできました。

陰線③は、①の逆下半身シグナルが発生する1本前の直近最高値から数えて、6本目のローソク足。9の法則の教え通り、9本目に相当する陰線⑤の次の陰線⑥は終値ベースで上昇に転じています。つまり、9の法則だけで判断すれば、ここで利益確定という選択肢もありました。ただ、草黒赤の間隔は依然、大きく開いたままなので売りポジションを継続。そのまま下落が続いたあと、陽線⑦が5日線を下から上に突き抜ける下半身シグナルになったところで利益確定するという選択肢もありました。このように**草黒赤は9の法則同様、エントリー後に利益を最大限伸ばすためのバロメーターとしてもフル活用できる**のです。

この〝過去問〟においても5日線と20日線の形に注目すると、Nの字を描いて反転下落する逆N大シグナルも発生しています。草黒赤の上部では緑の20日線、青の60日線が上昇を阻む抵抗帯の役目も果たしており、②の陰線出現で逆PPPが完成していることから見ても、安心して売りを入れられました。しかも陰線③は1800円という株価の節目を割り込む動きになっています。

相場式シグナルの数々がまるでコーラスを奏でるかのように「売りだ、売りだ」と

図61 上昇トレンドへの転換シグナルとなった「草黒赤」

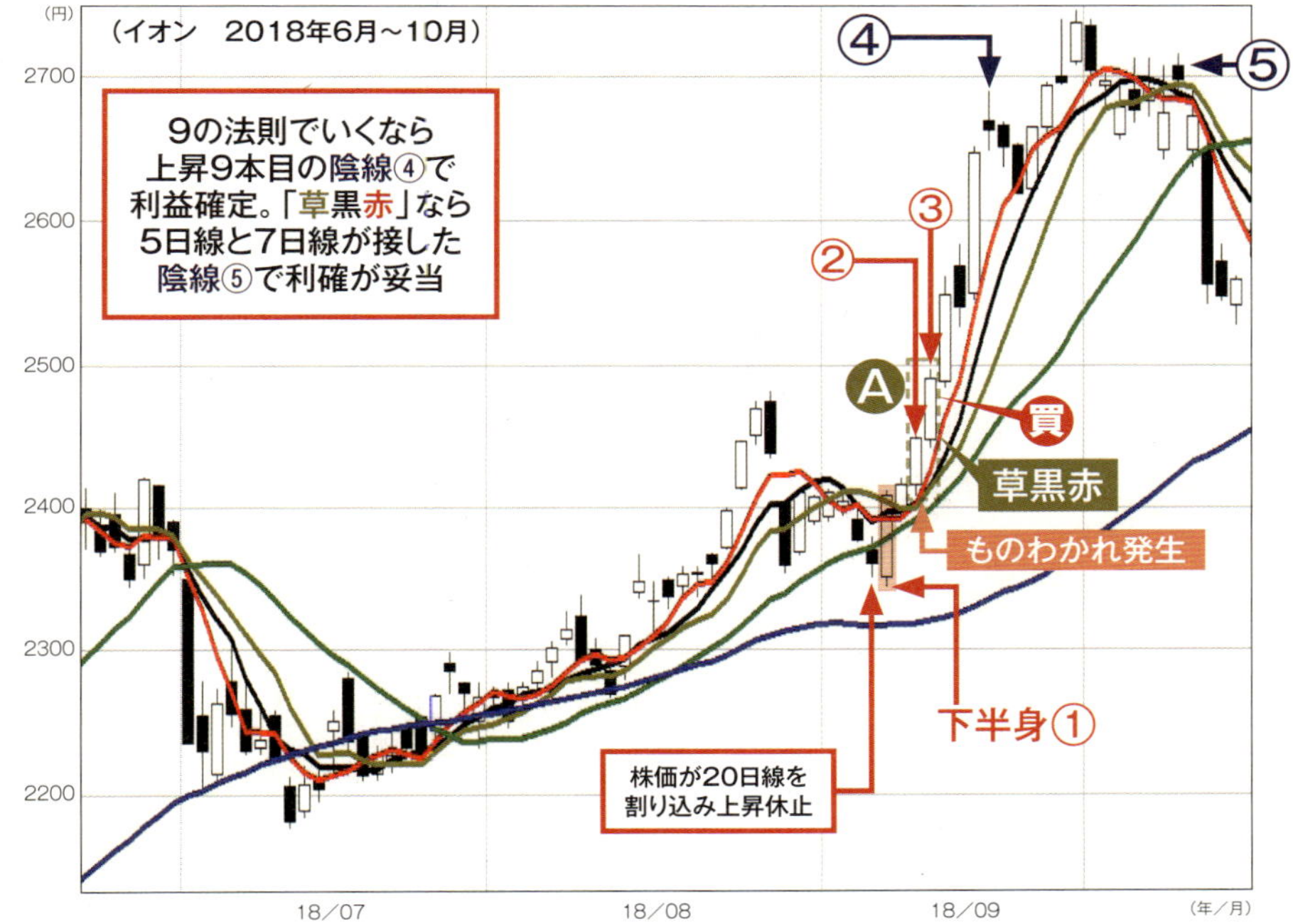

耳元で異口同音に囁いているわけです。その声を見逃してはいけません。

図61のイオンの株価は上昇トレンドが続いています。Aのゾーンの前には右肩上がりの20日線をいったん株価が割り込み、トレンドが小休止しています。

そこから5日線、7日線、20日線に対して下半身シグナルとなった大陽線①が出現。Aのゾーンの陽線②、③の連発で5、7、10日線が拡散に転じ、草黒赤シグナルが完成しています。陽線③は直近高値も越えているので、上昇トレンドにおける追撃買いのチャンスです。陽線③で買いを入れて、直近最安値だった陽線①から8本目にあたる④の陰線まで買い継続で臨むことで、数百円の値幅を獲得できました。9の法則ではなく、草黒赤の並びを優先した場合は、赤の5日線と黒の7日線が接触した⑤の陰線あたりまで利益を伸ばすこともできたはず。**力強い上昇もしくは下落に遭遇できると、かなり大きな利益を狙えるのが草黒赤シグナルのメリット**です。

そして、図61においても、草黒赤以外に複合シグナルが発生しています。それは何でしょうか？　トレンドが小休止したあと、再加速するときによく出るシグナルといえば……そうです、ものわかれです。図のAのゾーンの直前の下落でいったん20日線近辺まで下落した5日線が、陽線②、③に引っ張られる形で20日線に接することなく離れていく動きはまさに、ものわかれの形なのです。

トレンド転換にせよ、押し目買いや戻り売りが狙えるトレンド再加速にせよ、株の稼ぎ時となるポイントには、たくさんのシグナルが発生します。「このあと株が上がるよ、上がるよ」「次は下がるよ、下がるよ」とあなたに囁きかけているのです。その声は決して幻聴ではありませんから心配なさいませんように。相場式シグナルが発するさまざまな声をどうか、聞き漏らさないでください。聖徳太子とまではいいませんが、複数のシグナルがおのおの主張していることをなるべく聞き漏らさず、無意識のうちに理解できるぐらいの境地になってください。それこそが、株式投資の成績を飛躍的に向上させる王道なのですから。

本書では相場式の基礎となる、**さまざまなシグナルを個別に紹介してきましたが、単独で孤立して出現することのほうが少ないでしょう。**次ページの図62には草黒赤のシグナルが合計4つ登場しています。同時に他の相場式シグナルも点灯しているので探してみてください。ページ下部に答えが書いてあるので、ちょっと隠しながらページをめくるといいかもしれませんね。

相場式シグナル発生の際は、その前に下半身・逆下半身が完成しているケースが大半です。トレンド小休止後の再加速（押し目買いや戻り売り）の場面では、ものわかれ、草黒赤、くちばしが出現しやすくなります。トレンドが転換する場面ではくちばし、N大、草黒赤シグナルが多発します。

いずれの場合も、再加速や反転の場面がキリのいい株価の節目にあたっていたり、9の法則で8本目や9本目のローソク足だったり、そこにまた節目が絡んでくることも非常に多いです。まずは個別、個別のシグナルをしっかりマスターするところからがんばってくださいね。

図62 草黒赤プラスαの複合シグナルを探す！

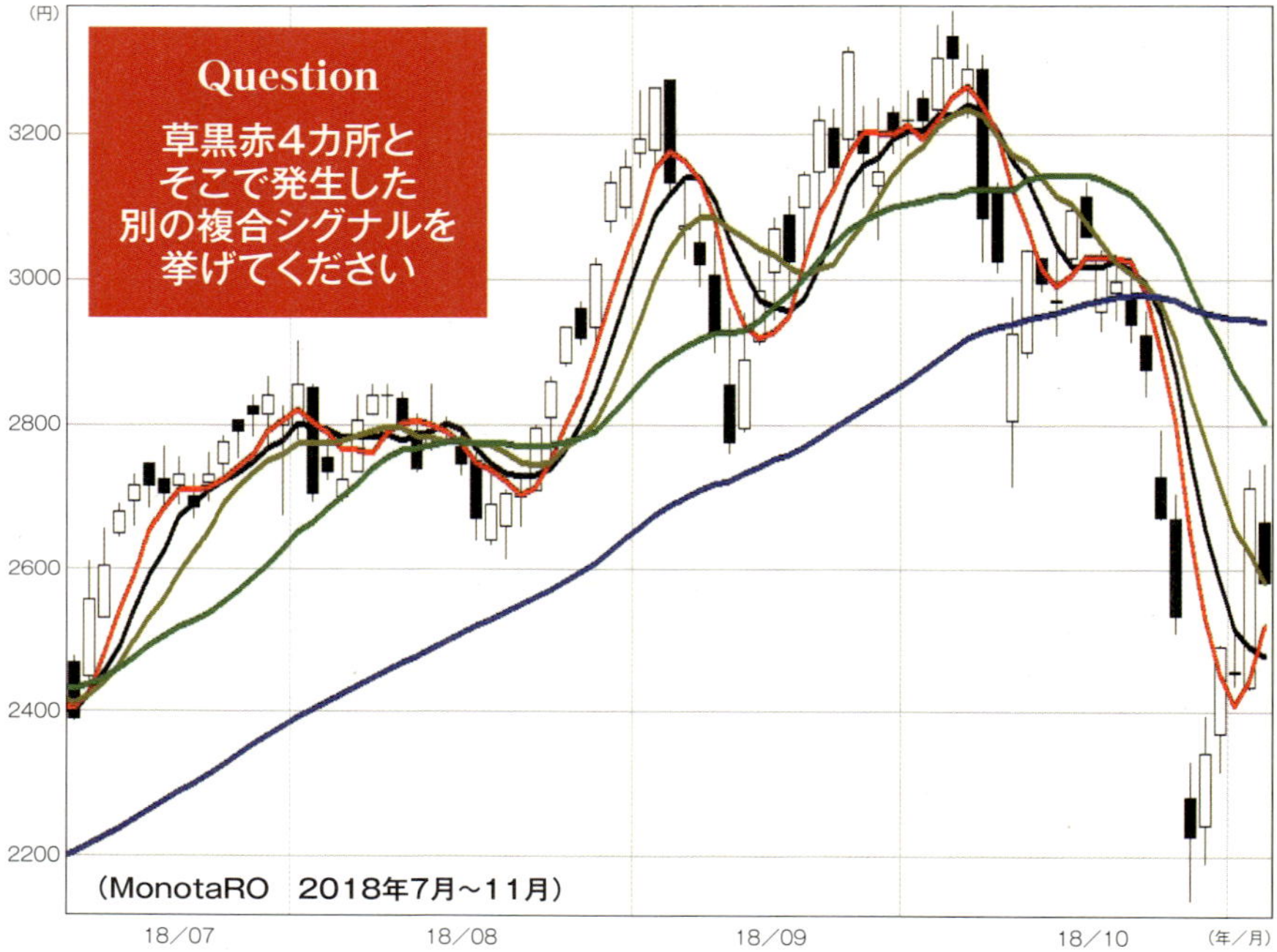

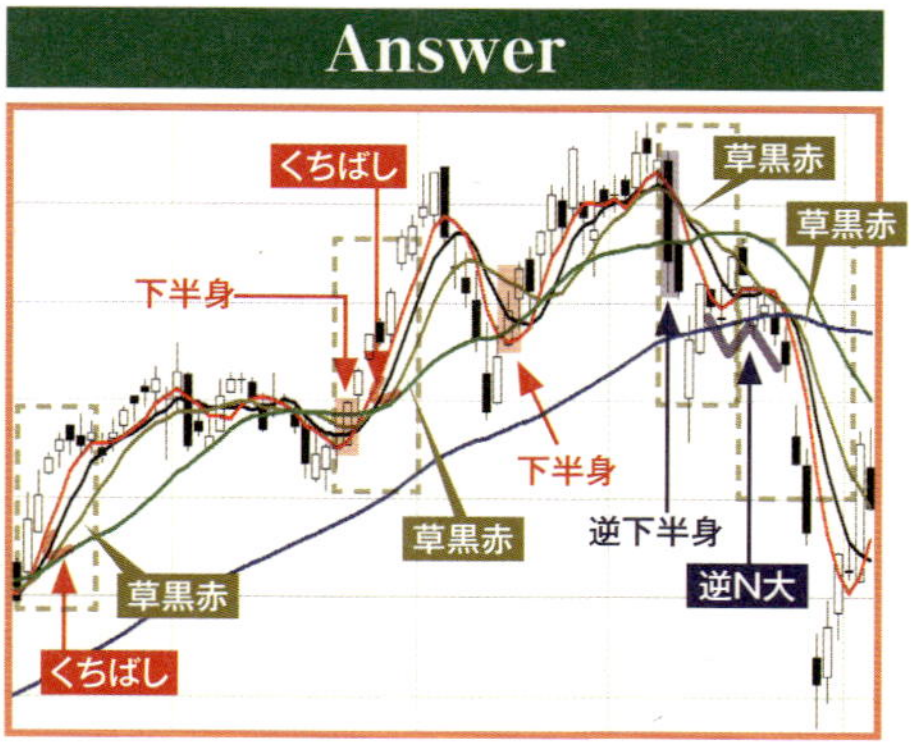

図62 の簡単解説

草黒赤は、横ばいの株価が上でも下でもいいですが、再び勢いを取り戻すときに出現します。直前には下半身・逆下半身、また別のシグナルとの合わせ技として登場することもあるのでお見逃しなく！

チャート1000本ノック練習用

相場式 最新100銘柄

時価総額1兆円以上の安心銘柄で素振り！

※株価、時価総額のデータは 2019 年 7 月 16 日現在。JPX 日経 400 採用で、時価総額 1 兆円以上の東証 1 部の銘柄の平均売買代金（2019 年 6 月 17 日時点の直近 20 営業日平均）を抽出し、その平均売買代金が高い順にランキング。平均売買代金と時価総額は 1 億円未満を四捨五入した。

コード	銘柄名	株価	売買単位	平均売買代金	時価総額
9984	ソフトバンクグループ	5191円	100株	649億円	10兆8482億円
7974	任天堂	4万1610円	100株	556億円	5兆4787億円
9983	ファーストリテイリング	6万9470円	100株	468億円	7兆3689億円
6758	ソニー	5866円	100株	377億円	7兆4580億円
7203	トヨタ自動車	7000円	100株	315億円	22兆8410億円
6981	村田製作所	4733円	100株	255億円	3兆1986億円
8035	東京エレクトロン	1万6615円	100株	255億円	2兆7450億円
8306	三菱UFJ FG	522.9円	100株	238億円	7兆1469億円
6861	キーエンス	6万3860円	100株	231億円	7兆7656億円
4502	武田薬品工業	3876円	100株	215億円	6兆1100億円
9432	日本電信電話	5148円	100株	179億円	10兆406億円
9433	KDDI	2862.5円	100株	176億円	6兆7423億円
8316	三井住友FG	3824円	100株	169億円	5兆3513億円
6954	ファナック	1万8925円	100株	169億円	3兆8613億円
6098	リクルートHD	3553円	100株	154億円	6兆257億円
4911	資生堂	8251円	100株	154億円	3兆3004億円

コード	銘柄名	株価	売買単位	平均売買代金	時価総額
6501	日立製作所	4020円	100株	150億円	3兆8885億円
4452	花王	8166円	100株	141億円	3兆9360億円
8411	みずほFG	158.6円	100株	135億円	4兆273億円
2914	日本たばこ産業	2466.5円	100株	122億円	4兆9330億円
4755	楽天	1174円	100株	122億円	1兆6842億円
8058	三菱商事	2940円	100株	121億円	4兆6748億円
4568	第一三共	6080円	100株	119億円	4兆3108億円
7201	日産自動車	774.1円	100株	117億円	3兆2673億円
8001	伊藤忠商事	2123.5円	100株	112億円	3兆3655億円
9437	NTTドコモ	2588.5円	100株	112億円	8兆6332億円
6301	小松製作所	2471.5円	100株	106億円	2兆4029億円
7267	本田技研工業	2836.5円	100株	105億円	5兆1381億円
7269	スズキ	4598円	100株	103億円	2兆2578億円
6594	日本電産	1万4320円	100株	99億円	4兆2694億円
6273	SMC	3万8890円	100株	98億円	2兆6200億円
4503	アステラス製薬	1543円	100株	97億円	2兆9145億円
7751	キヤノン	3184円	100株	96億円	4兆2467億円
8766	東京海上HD	5658円	100株	95億円	4兆172億円
5020	JXTG HD	526.4円	100株	95億円	1兆7531億円
7741	HOYA	8233円	100株	94億円	3兆1404億円
6367	ダイキン工業	1万4055円	100株	93億円	4兆1197億円
5108	ブリヂストン	4237円	100株	91億円	3兆2266億円
8802	三菱地所	2032.5円	100株	91億円	2兆8276億円
3382	セブン&アイ・HD	3796円	100株	87億円	3兆3649億円
4063	信越化学工業	9658円	100株	85億円	4兆1298億円
8801	三井不動産	2543円	100株	82億円	2兆5212億円
8750	第一生命HD	1632.5円	100株	77億円	1兆9561億円
8031	三井物産	1815.5円	100株	75億円	3兆1632億円

コード	銘柄名	株価	売買単位	平均売買代金	時価総額
7011	三菱重工業	4768円	100株	75億円	1兆6086億円
6971	京セラ	7092円	100株	74億円	2兆6781億円
6902	デンソー	4651円	100株	72億円	3兆6647億円
9020	東日本旅客鉄道	1万90円	100株	71億円	3兆8526億円
9022	東海旅客鉄道	2万1710円	100株	69億円	4兆4723億円
1605	国際石油開発帝石	962.9円	100株	67億円	1兆4081億円
4661	オリエンタルランド	1万3860円	100株	66億円	5兆407億円
4507	塩野義製薬	6151円	100株	65億円	1兆9486億円
1925	大和ハウス工業	3139円	100株	62億円	2兆913億円
2502	アサヒグループHD	5033円	100株	60億円	2兆4339億円
7270	SUBARU	2715.5円	100株	60億円	2兆887億円
6645	オムロン	5360円	100株	60億円	1兆1468億円
1878	大東建託	1万4350円	100株	59億円	1兆853億円
4543	テルモ	3230円	100株	58億円	2兆4533億円
8053	住友商事	1657.5円	100株	56億円	2兆732億円
6702	富士通	7791円	100株	56億円	1兆6128億円
8630	SOMPO HD	4380円	100株	55億円	1兆6352億円
6503	三菱電機	1426.5円	100株	55億円	3兆630億円
6752	パナソニック	921.6円	100株	54億円	2兆2607億円
4689	ヤフー	328円	100株	54億円	2兆1855億円
9201	日本航空	3488円	100株	54億円	1兆2174億円
8830	住友不動産	3967円	100株	54億円	1兆8886億円
5401	日本製鉄	1820.5円	100株	54億円	1兆7301億円
9021	西日本旅客鉄道	8873円	100株	53億円	1兆7079億円
6701	日本電気	4410円	100株	53億円	1兆1487億円
8591	オリックス	1664.5円	100株	53億円	2兆2048億円
8725	MS&ADインシュアランスGHD	3564円	100株	52億円	2兆1145億円
6869	シスメックス	7346円	100株	52億円	1兆5366億円

コード	銘柄名	株価	売買単位	平均売買代金	時価総額
2503	キリンHD	2297.5円	100株	51億円	2兆999億円
8309	三井住友トラスト・HD	3919円	100株	50億円	1兆5298億円
4519	中外製薬	7170円	100株	50億円	4兆129億円
8604	野村HD	375.6円	100株	50億円	1兆3122億円
2413	エムスリー	1946円	100株	50億円	1兆3203億円
4523	エーザイ	5998円	100株	49億円	1兆7788億円
9735	セコム	8885円	100株	49億円	2兆728億円
8267	イオン	1887.5円	100株	49億円	1兆6458億円
9843	ニトリHD	1万4630円	100株	48億円	1兆6743億円
8308	りそなHD	455円	100株	47億円	1兆575億円
3402	東レ	757.2円	100株	47億円	1兆2354億円
4578	大塚HD	3850円	100株	46億円	2兆1477億円
7733	オリンパス	1201円	100株	46億円	1兆6464億円
6326	クボタ	1711円	100株	45億円	2兆1089億円
8028	ユニー・ファミリーマートHD	2548円	100株	45億円	1兆2915億円
4324	電通	3755円	100株	44億円	1兆830億円
4922	コーセー	1万8110円	100株	42億円	1兆973億円
8002	丸紅	722円	100株	42億円	1兆2548億円
9531	東京瓦斯	2634円	100株	41億円	1兆1889億円
8113	ユニ・チャーム	3165円	100株	40億円	1兆9649億円
9613	エヌ・ティ・ティ・データ	1464円	100株	40億円	2兆533億円
1928	積水ハウス	1895円	100株	39億円	1兆3088億円
3407	旭化成	1133円	100株	39億円	1兆5892億円
4188	三菱ケミカルHD	748.8円	100株	37億円	1兆1279億円
4528	小野薬品工業	1997.5円	100株	37億円	1兆853億円
7532	パン・パシフィック・インターナショナルHD	6900円	100株	35億円	1兆923億円
7202	いすゞ自動車	1205.5円	100株	35億円	1兆228億円
9202	ANA HD	3654円	100株	31億円	1兆2734億円

おわりに

朝起きて、まだ寝ぼけまなこで夢うつつの人でも、①目覚ましを止める、②歯を磨く、③顔を洗う、④トイレに……といった複数の動作を、無意識のうちに行っています。それと同じぐらい自然な感覚で、株価チャートを見たら、①株価は上昇・下落・横ばいのどの状態か、②移動平均線の並びはどうか、③直近の高値・安値はどこにあるか、④現在の株価の周辺に節目になるようなキリのいい株価はないか、を確かめられるぐらいまで、相場師朗直伝の「お作法」を体に覚え込ませてください。

「お作法」の①から④までが自然に行えるようになったら、そこからは本書で紹介した下半身・逆下半身、くちばし、ものわかれ、N大、草黒赤に至る「技」を使いこなせるようになるのが当面の目標になります。さらに、複数のシグナル点灯にもすぐ気づけるようになり、使いこなせるようになって、初めて一人前の株職人としての道が開かれるのです！ そこからはさらに練習練習、鍛錬鍛錬です。

不安にさせる気はありませんが、株式投資の世界は日常生活と違い、リスクたっぷりのアドベンチャーワールドです。大金を持って海外の治安がよろしくない地区に迷い込むのと似ています。この世界で失敗しないためには、観光客気分を捨て、用意周到なリスク管理をしなければいけません。教えた技の数々は単に利益を生み出す源になるだけでなく、リスクを極力減らして大きな損失を出さないための盾にもなります。

相場式シグナルが教えているのは「ここで売買すると儲かる可能性が高いポイント」だけでなく、「ここで取引すると損をする可能性が高いので取引しないほうがいいポイント」でもあるのです。株式投資には受験勉強のような100％正解といえる答えはないものの、一所懸命、努力して勉強して過去問を解けば、自然と技術が上達する点に変わりはありません。問題が難しすぎて答えがわからなかったら、まず答え（過去の値動きを示したチャート）を見て問題の解き方を丸暗記しましょう。

試験を受けて失敗した原因を反省することも大切です。相場式株式投資における「試験」とは、チャートソフトにローソク足を1本1本表示していき、「次はどうなる」「ここは買いか売りか」を実戦同様の真剣さでシミュレーションする「紙芝居方式」になります。そして、いざ本番！ 多くの試験問題は、さまざまな知識が複合的に組み合わさったものです。それは実戦の株式投資でも同じです。

必勝祈願！ あなたの株式投資に「桜咲く」の朗報が舞い込みますように！

一生涯、株職人　相場師朗

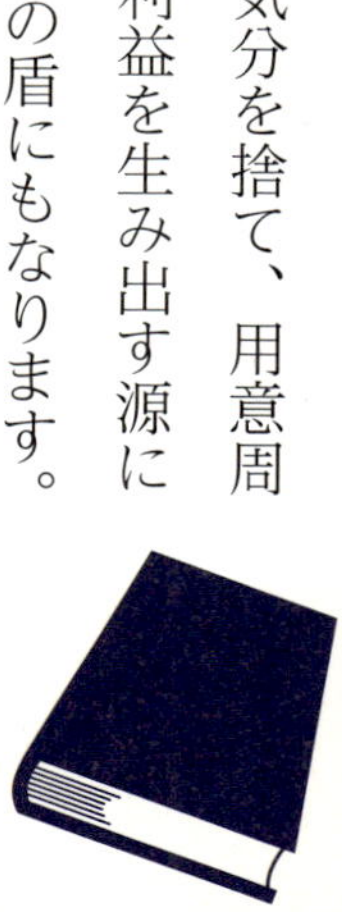

相場の赤本

相場師朗
SHIRO AIBA

チャートで騰がる株完全マスター

2019年9月6日　第1刷発行

著者　相場師朗

発行人　蓮見清一
発行所　株式会社宝島社
〒102-8388　東京都千代田区一番町25番地
電話〔営業〕03-3234-4621〔編集〕03-3239-0646
https://tkj.jp
印刷・製本　日経印刷株式会社

ISBN978-4-8002-9590-3

書いて書いて書きまくれ！これぞ相場式

SHIRO NOTE

写経ならぬ写チャートに【写せば写すほど覚える！】

トレード記録帳として【毎日振り返れば実力アップ！】

相場セミナーの受講ノートに【メモすれば忘れぬ】

せっかく『相場の赤本』という最高の株の参考書を作るんだから、
参考書とセットで使えるノートもみなさまに差し上げたい。
そんな思いから作った「SHIRO NOTE」です。
"師朗・知ろう・白（ホワイト）"という３つの意味を込めて名付けました。
スマホやパソコン全盛期の令和時代ですが、チャートを眺めるだけの勉強より
「手で写して脳みそに染み込ませる勉強」を、私はお勧めしたい。
受験勉強のとき、英単語や難しい漢字をノートに何度も書きませんでしたか？
それと同じような使い方をしてもらえれば十分です。自由にお使いください！

相場師朗

【書き方の例】

2019/ 8/ 23(金)

TITLE 国際石油開発帝石(東証1部・1605)日足チャート

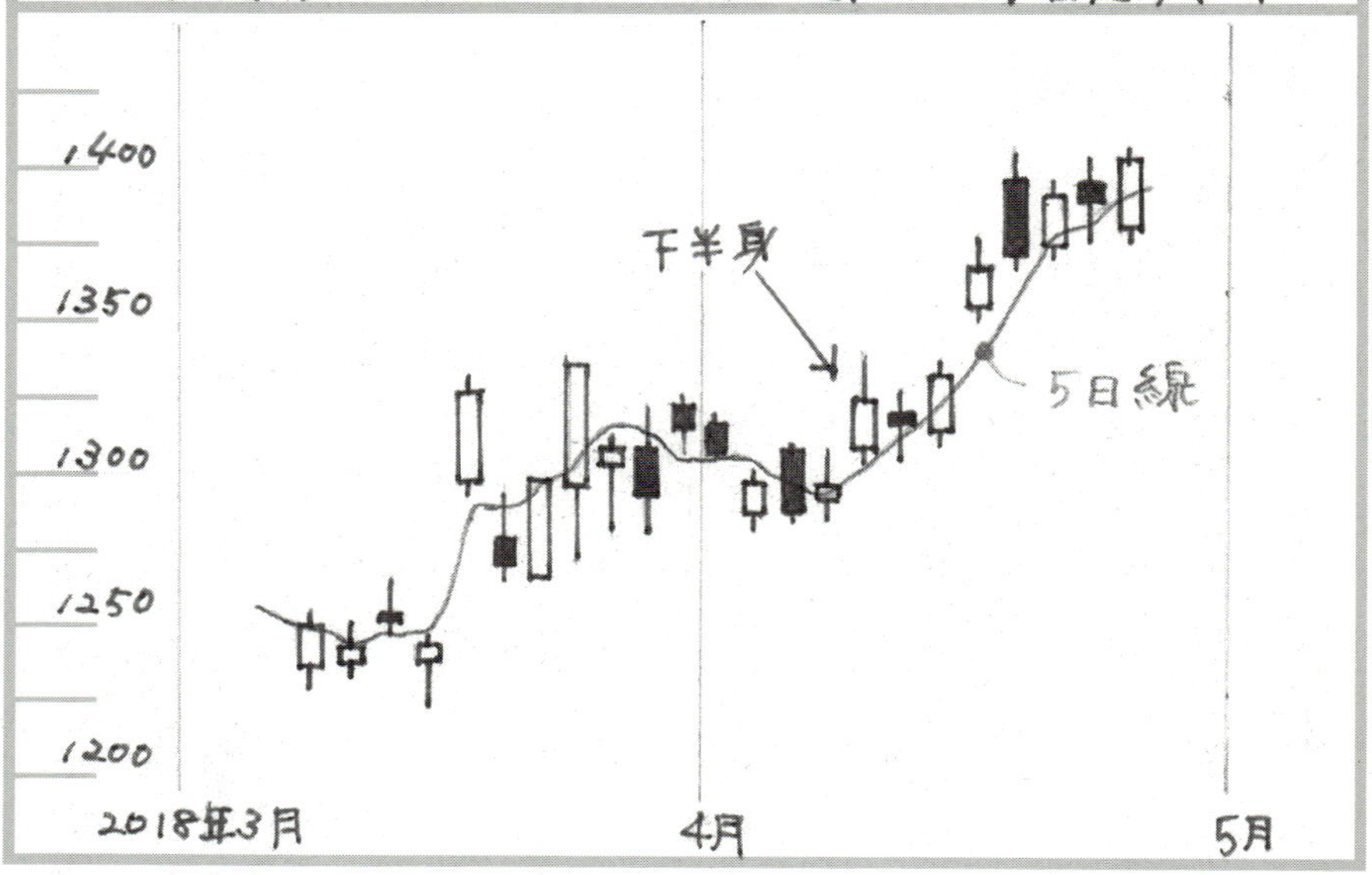

MEMO

相場先生の本で下半身というシグナルがあることを知った。
下半身…下半身…言葉は一発で覚えたが、どれが下半身なのかさっぱりわからない。国際石油開発帝石や日本航空のチャートが本に載っていたので書き写してみよう。写しているだけなのにローソク足を一本一本書くせいか、「これが下半身か?」「いやこれか?」と考える時間が楽しい。1日10チャートを目標にチャートを写していこう。

/ / ( )

TITLE

MEMO

Stock is skill! SHIRO AIBA

/ / ( )

TITLE

MEMO

Stock is skill! SHIRO AIBA

/ / ( )

TITLE

MEMO

Stock is skill! SHIRO AIBA

/ / ( )

TITLE

MEMO

Stock is skill! SHIRO AIBA

/ / ( )

TITLE

MEMO

Stock is skill! SHIRO AIBA

/ / ( )

TITLE

MEMO

Stock is skill! SHIRO AIBA

/ / ( )

TITLE

MEMO

Stock is skill! SHIRO AIBA

/ / ( )

TITLE

MEMO

Stock is skill! SHIRO AIBA

/ / ( )

TITLE

MEMO

Stock is skill! SHIRO AIBA

/ / ( )

TITLE

MEMO

Stock is skill! SHIRO AIBA

/ / ( )

TITLE

MEMO

Stock is skill! SHIRO AIBA

/ / ( )

TITLE

MEMO

Stock is skill! SHIRO AIBA

/ / ( )

TITLE

MEMO

Stock is skill! SHIRO AIBA

/ / ( )

TITLE

MEMO

Stock is skill! SHIRO AIBA

/ / ( )

TITLE

MEMO

Stock is skill! SHIRO AIBA

/ / ( )

TITLE

MEMO

Stock is skill! SHIRO AIBA

/ / ( )

TITLE

MEMO

Stock is skill! SHIRO AIBA

/ / ( )

TITLE

MEMO

Stock is skill! SHIRO AIBA

/ / ( )

TITLE

MEMO

Stock is skill! SHIRO AIBA

/ / ( )

TITLE

MEMO

Stock is skill! SHIRO AIBA

/ / ( )

TITLE

MEMO

Stock is skill! SHIRO AIBA

/ / ( )

TITLE

MEMO

Stock is skill! SHIRO AIBA

/ / ( )

TITLE

MEMO

Stock is skill! SHIRO AIBA

/ / ( )

TITLE

MEMO

Stock is skill! SHIRO AIBA

/ / ( )

TITLE

MEMO

Stock is skill! SHIRO AIBA

/ / ( )

TITLE

MEMO

Stock is skill! SHIRO AIBA

/ / ( )

TITLE

MEMO

Stock is skill! SHIRO AIBA

/ / ( )

TITLE

MEMO

Stock is skill! SHIRO AIBA

/ / ( )

TITLE

MEMO

Stock is skill! SHIRO AIBA

/ / ( )

TITLE

MEMO

Stock is skill! SHIRO AIBA